面向"中国制造2025"汽车类专业培养计划

"十三五"职业教育规划教材

汽车车身连接技术

陈勇　编著

西安交通大学出版社
XI'AN JIAOTONG UNIVERSITY PRESS

图书在版编目（CIP）数据

汽车车身连接技术/陈勇编著. —西安：西安交通大学出版社，2017. 10
ISBN 978－7－5605－8634－2

Ⅰ. ①汽…　Ⅱ. ①陈…　Ⅲ. ①汽车—车体—连接技术—高等职业教育—教材
Ⅳ. ①U463. 82

中国版本图书馆 CIP 数据核字（2017）第 265774 号

书　　　名	汽车车身连接技术	
编　　著	陈勇	
责 任 编 辑	杨芳　何园　贺彦峰	
出 版 发 行	西安交通大学出版社	
	（西安市兴庆南路 10 号　邮政编码 710049）	
网　　　址	http：//www. xjtupress. com	
电　　话	（029）82668357　82667874（发行中心）	
	（029）82668315（总编办）	
传　　真	（029）82668280	
印　　刷	陕西日报社	
开　　本	787mm×1092mm　1/16　印张 10. 25　字数 244 千字	
版次印次	2018 年 1 月第 1 版　　2018 年 1 月第 1 次印刷	
书　　号	ISBN 978－7－5605－8634－2	
定　　价	29. 80 元	

读者购书、书店添货、如发现印装质量问题，请与本社发行中心联系、调换。
订购热线：（029）82665248　（029）82665249
投稿热线：（029）82668284

内 容 简 介

本书共设计了 11 个学习任务，任务 1 认识汽车车身的连接；任务 2 汽车车身薄钢板的对接焊；任务 3 汽车薄钢板的搭接焊；任务 4 汽车薄钢板的填孔焊；任务 5 汽车车身薄钢板的电阻点焊；任务 6 汽车车架梁组件的焊接；任务 7 汽车铝合金板的焊接；任务 8 汽车车身的钎焊；任务 9 汽车车身铝合金板的粘结与铆接；任务 10 汽车金属板的切割；任务 11 后翼子板的焊接。课程目标在于使学生掌握车身维修的职业能力，主要包括气体保护焊、电阻电焊、钎焊、等离子弧切割、冷切割、铆接技术、粘结技术。

本书体例新颖，内容翔实，以典型的工作任务聚集知识点、技能点，便于教师实施项目化教学和教学做一体化教学。

本书适合高职院校汽车车身维修技术及相关专业使用，也可作为从事车身维修人员的自学参考书。

车身维修也叫事故车维修，是汽车维修行业的一个热门专业。在欧美等发达国家，车身维修技师的收入水平不亚于一般的白领阶层，而且越来越受到社会的认可和尊重。随着汽车工业的迅猛发展，我国的汽车保有量不断地增长，车身维修工作已经逐渐成为汽车维修的重点内容，对相关技术人员的需求增加，车身维修专门人才在今后的工作中有着光明的前景。

《汽车车身连接技术》是高等职业技术学院汽车车身维修技术专业（原名：汽车整形技术）的专业核心课程，课程目标在于使学生掌握车身维修的职业能力，主要包括气体保护焊、电阻电焊、钎焊、等离子弧切割、冷切割、铆接技术、粘结技术。

近几年与车身维修相关的专业也在迅速发展，而教材建设才刚刚起步。当前以典型任务驱动的项目化课程是职业学校教材的建设方向，因此本书做了有益的尝试。本课程设计基于车身维修的基本技能，在车身维修的不同工序中，都会使用到各种连接与切割技术，因此掌握车身板件的连接与切割技能是完成车身维修任务所必须具备的能力。

本教材设计了 11 个学习任务，任务 1 认识汽车车身的连接；任务 2 汽车车身薄钢板的对接焊；任务 3 汽车薄钢板的搭接焊；任务 4 汽车车身薄钢板的填孔焊；任务 5 汽车车身薄钢板的电阻点焊；任务 6 汽车车架梁组件的焊接；任务 7 汽车铝合金板的焊接；任务 8 汽车车身的钎焊；任务 9 汽车车身铝合金板的粘结与铆接；任务 10 汽车金属板件的切割；任务 11 后翼子板的焊接。本教材具体编写时，以典型的工作任务聚集知识点、技能点，便于教师实施项目化教学和教学做一体化教学。

另外，本教材及时更新了教学内容，反映新技术。将目前车身中逐渐使用的激光焊接、电弧铜焊、铆接与粘结等新技术编写到了教材中。

本书由南京交通职业技术学院陈勇编著，在编写过程中得到了燕寒、朱帅两位老师的大力指导和帮助，在此表示诚挚的谢意。本书的编写参考了国内外有关论著和资料，在此向这些论著和资料的作者表示最诚挚的谢意！

由于编者水平有限，加之经验不足，书中难免有不足之处，敬请广大读者批评指正。

C ONTENTS
目 录

任务一

认识汽车车身的连接

学习目标

1. 熟悉车身各个板件的连接方式。
2. 了解焊接的基本原理及焊接的分类。
3. 能够描述车身主要零部件的连接方式。
4. 在车身维修中，能够根据车身板件情况选择合适的连接方法。

任务引入

汽车是通过各种零件与构件的连接而组装起来的，汽车零部件的连接方法有三大类，即机械连接、粘接和焊接，汽车车身也是通过上述三种方式连接而成。作为车身维修人员需要熟悉车身部件之间的连接关系。

一、汽车车身的连接方式

（一）车身零件的安装方法

1. 螺栓螺母安装

常用螺栓如图 1-1 所示，在车身中螺栓螺母安装主要用于受重力作用和作用力影响的部位，螺栓直径、强度和紧固扭矩值取决于零件的重量和承受作用。

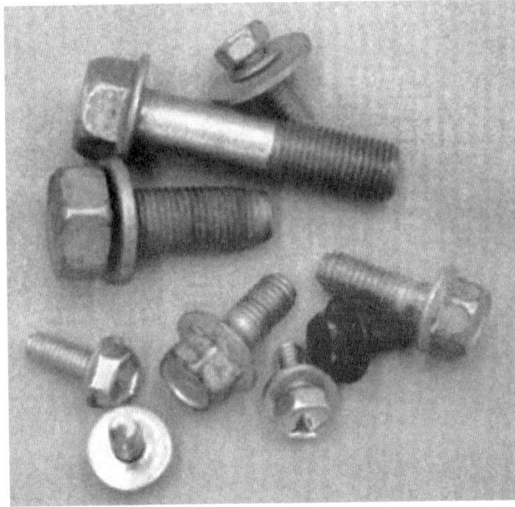

图 1 – 1　螺栓

在车身中用螺栓安装的外部零件如图 1 – 2 所示，发动机罩、前翼子板、前后门和行李箱盖是外部零件，而且受损率较高。

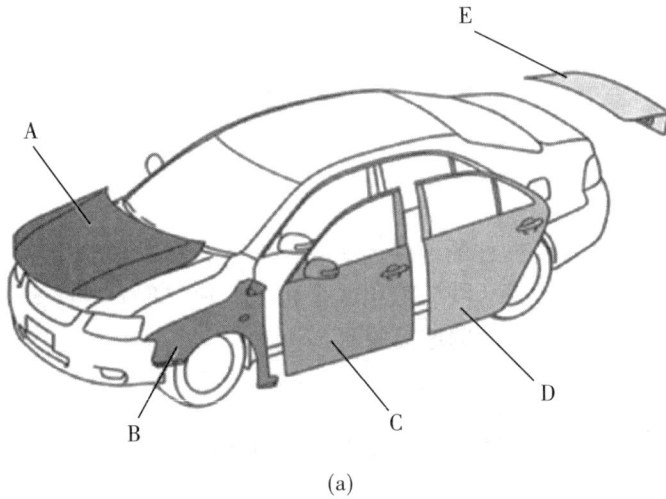

(a)

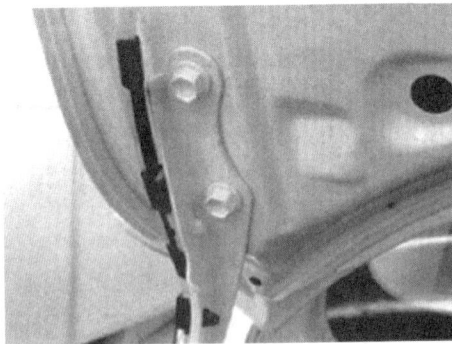

(b)

图 1 – 2　车身中用螺栓安装的外部零件

（a）车身中用螺栓安装的外部零件位置；（b）发动机罩安装螺栓

2. 螺钉

常用螺钉如图 1-3 所示。车身中主要用于连接不会受到较大作用力的部位，如内部外部树脂零件和开关等。

此处需注意：自攻螺钉尖锐锋利，因此使用错误的自攻螺钉可能会损坏材料。

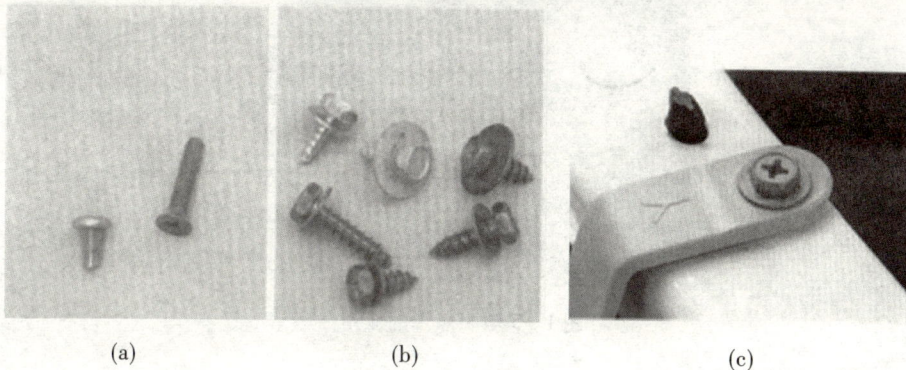

| (a) | (b) | (c) |

图 1-3 螺钉
（a）螺钉；（b）、（c）自攻螺钉

3. 卡子

卡子如图 1-4 所示，用于不受作用力且注重外观的部位。卡子类型多样，拆卸和安装方法各异。此处需注意：如果强行拆卸，则可能会损坏卡子且不能重复使用。

图 1-4 卡子

4. 粘接

在车身上粘接主要是用于前风窗玻璃、后风窗玻璃和小零件的连接（例如：车标）。粘接不需要在车身上打孔安装，安装玻璃的粘合剂同时起到密封胶的作用。部分车辆的金属板也可用结构粘合剂安装。

（二）钢质车身总成的连接方法

目前钢质车身总成，在制造时主要采用焊接方式。依车身零件的位置不同，对零件有不同的强度和耐久性的要求。在汽车制造厂的车身总成组装中，会根据其使用目的、零件形状和钢板的厚度选择最合适的焊接方法。目前汽车在制造时主要采用电阻点焊、MIG（惰性气体保护焊）铜焊、激光焊等焊接技术，具体应用如图1-5、1-6、1-7、1-8所示。

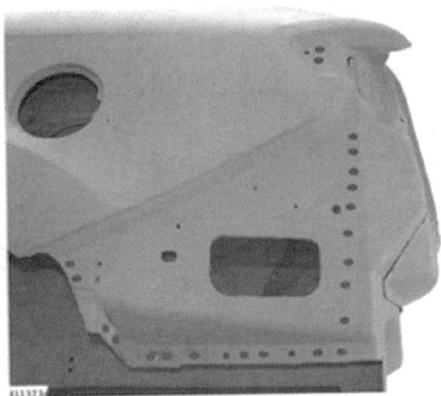

图1-5 电阻点焊的应用

图1-6 部分车型车顶连续焊缝采用激光铜焊

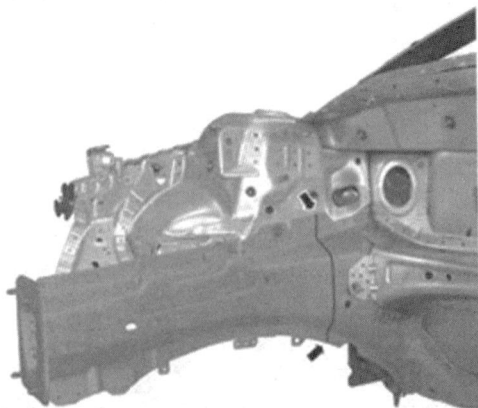

图1-7 前纵梁激光拼焊处（图中箭头处）

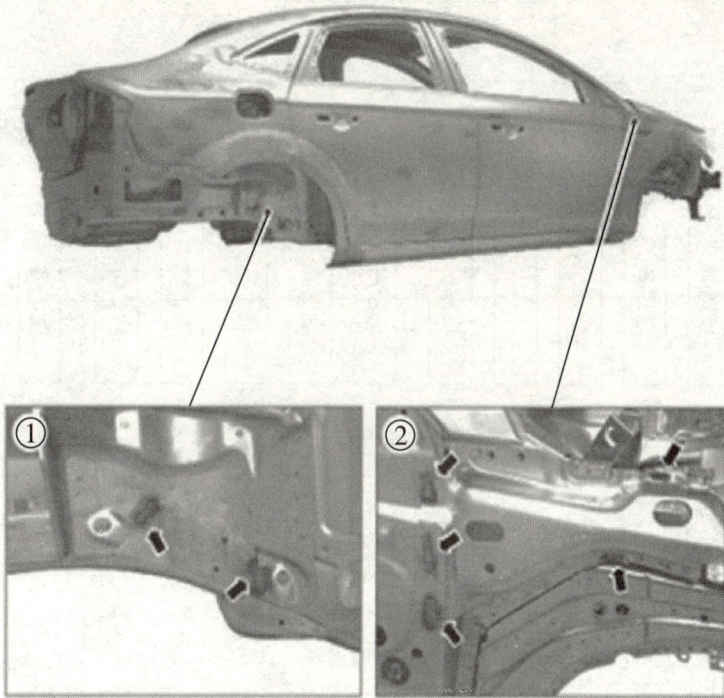

图 1-8 MIG 铜焊的应用（图中箭头处）

二、焊接概述

焊接是利用热量将不同的金属零部件联结在一起的过程，焊接设备也可以用来切割金属。氧乙炔割炬及等离子弧焊枪均是利用热能切割金属。

（一）焊接类型

焊接方法可分为三大类，即熔化焊、压力焊和钎焊，每一大类下又有很多具体的焊接方法，如图 1-9 所示。

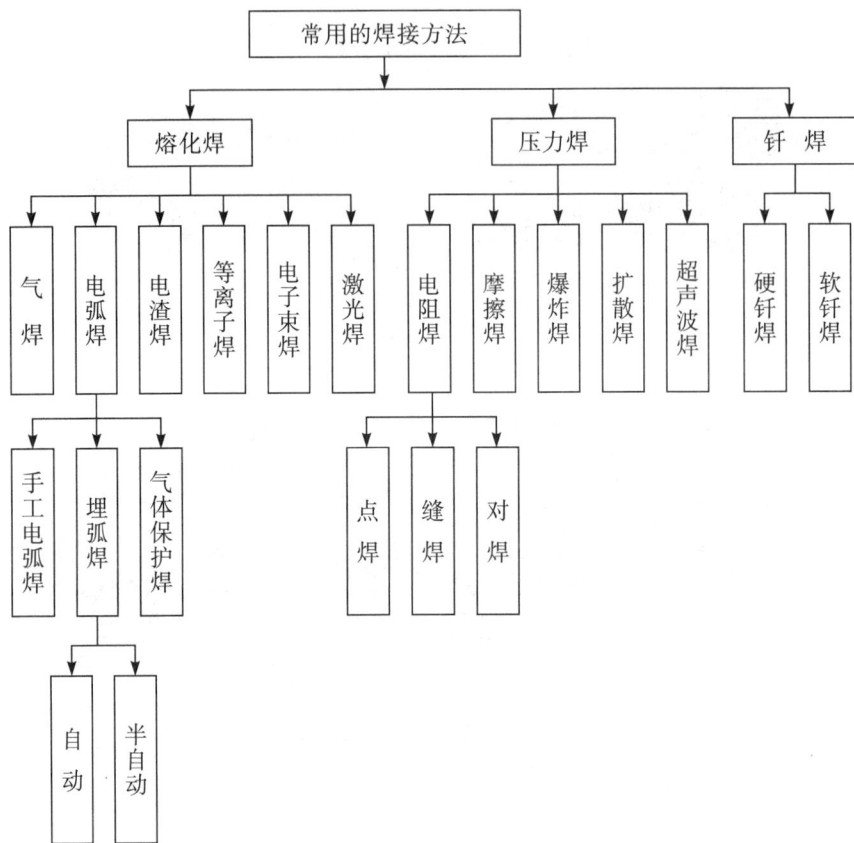

图 1-9　焊接方法分类

1. 熔化焊

熔化焊是将被焊金属在焊接部位加热至熔化状态，并向焊接部位加入熔化状态的填充金属（焊条）。冷凝以后，两块被焊件即形成整体的焊接方法。

2. 压力焊

压力焊是用电极对金属焊接点加热使其熔化并施加压力，使之焊接在一起的方法。

3. 钎焊

钎焊是将熔点低于母材的钎料（钎焊填充材料）加热熔化滴在焊接区域，使工件焊接成一体的焊接方法。根据钎料熔化的温度，可分为软钎焊和硬钎焊。钎料的熔化温度低于450℃的是软钎焊，钎料的熔化温度高于450℃的是硬钎焊。

（二）焊接的特性

焊接广泛应用于所有的工业，在汽车车身的维修中更是不可缺少；焊接有下列几项主要特性：

- 焊接的外形不受限制，并且具有强韧和稳固的接合能力。
- 可减轻重量（不需要增加接合件）。
- 对空气和水的密封性好。
- 生产效率高。

- 焊接点的强度大小与操作者的技术水平高低有关。
- 如果过多地加热，周围的钢板会变形。

（三）车身维修中焊接方法的选择

传统上，车身的修理一直应用气焊（氧乙炔焊）和手工电弧焊接来焊接汽车车身上的钣金零件和结构件。随着高强度钢板在整体式（承载式）车身上的广泛应用，气焊和手工电弧焊逐渐变得不适应。因为它们都会导致高强度钢板的过热，从而削弱钢板的机械性能，造成其性能恶化。

由于气体保护焊有诸多优点和高效率，目前在汽车撞伤修理中得到了广泛应用。采用气体保护焊接方法可以对高强度钢板进行修理，同时不会损伤或削弱车身板件的机械性能。

压力焊方法中，电阻点焊是汽车制造业，尤其是轿车制造业最重要的焊接方法，因此在轿车修理中应用较多。

钎焊使工件受热的温度低于工件材料的熔点，不致于影响工件的整体形状，因此被广泛应用于对车身密封、水箱、油箱以及空调管路等的修理作业中。

车身维修中，必须采用适当的焊接方法才可维持车身上原有的强度和耐久性，所以为了达到此要求，必须遵守下列基本事项：

- 焊接方法必须选择点焊、气体保护焊。
- MIG 铜焊和激光铜焊部位需参照维修手册的要求选择合适的连接方法。
- 不可使用氧乙炔焊接。

三、设备、工具和材料准备

- 轿车整车两辆、承载式车壳两台。
- 举升机及必要的拆装工具。
- 与车辆对应的车身修理手册。

四、车身连接认识步骤

- 查看汽车前后保险杠与车身的连接方式。
- 查看汽车的发动机罩、前翼子板、前后车门、行李箱盖与车身的连接方式。
- 查看汽车的内饰件（比如：仪表板、顶棚、车门内饰板等）与车身的连接方式。
- 查看前后风窗玻璃与车身的连接方式。
- 查看顶盖与车身的连接方式。
- 查看一体式侧围与车身的连接方式。
- 查看汽车内板件与车身的连接方式。

五、任务技能考核表

序号	考核内容	配分	评分标准	考核记录	扣分	得分
1	指出汽车前后保险杠与车身的连接方式	10	指错一处扣2分			
2	指出汽车的发动机罩、前翼子板、前后车门、行李箱盖与车身的连接方式	20	指错一处扣2分			
3	指出汽车的内饰件与车身的连接方式	20	指错一处扣2分			
4	指出顶盖与车身的连接方式	10	指错一处扣5分			
5	指出一体式侧围与车身的连接方式	20	指错一处扣4分			
6	汽车内板件与车身的连接方式	20	指错一处扣4分			
年 月 日			教师签字			

课后练习题

1. 名词术语

熔化焊、压力焊、钎焊、硬钎焊、软钎焊、激光焊

2. 思考题

（1）目前汽车车身主要采用哪些连接方式，为什么要采用这些连接方式？

（2）焊接有哪些特性？

（3）查阅相关资料，请思考目前车身中使用激光焊的主要作用和意义是什么？

（4）车身维修中，应怎样选择合适的焊接方法？

任务二

汽车薄钢板的对接焊

学习目标

1. 熟悉气体保护焊的设备组成与结构。
2. 了解气体保护焊的工作原理及其特点。
3. 能完成气体保护焊的设备日常维护工作。
4. 能根据焊接对象，选择合适的气体保护焊工艺参数。
5. 能做好气体保护焊焊接时的安全防护工作。
6. 能初步完成利用气体保护焊进行薄钢板的对接焊工作。

任务引入

薄钢板是指厚度不大于 3mm 的钢板，常用的薄钢板厚度为 0.5～2mm。目前钢质车身外板件常用厚度 0.8mm 左右的薄钢板。车身一体式侧围（图 2-1）是焊接在车身总成上的，在切割更换时，后翼子板的切割对接处经常需要用到对接焊技术，如图 2-2 和图 2-3 所示。所以在车身维修作业中，会用到汽车薄钢板的对接焊作业，目前常用气体保护焊来完成此作业。

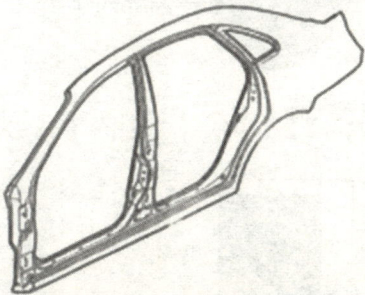

图 2-1　车身一体式侧围

图 2-2　后翼子板的切割更换

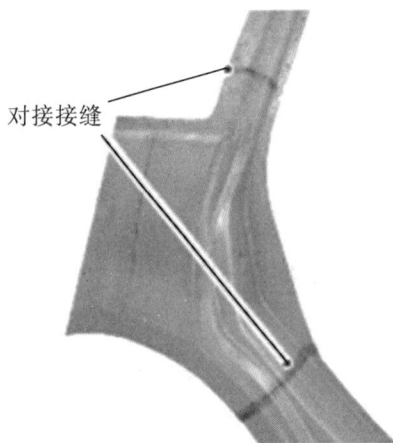

图 2 - 3　对接接缝

⚙ 一、气体保护焊介绍

利用气体作为电弧介质并保护电弧和焊接区的电弧焊称为气体保护电弧焊，简称气体保护焊。按照电极是否熔化和保护气体不同，分为非熔化极（钨极）惰性气体保护焊（TIG）和熔化极气体保护焊（GMAw）。

（一）熔化极气体保护焊的原理

焊接的原理是以焊丝为电极，使电极和母材之间产生电弧（放电），再利用电弧产生的热能将焊线和母材熔化而结合成一体。作业时，焊丝是以一定的速度自动输送，所以又称为半自动电弧焊。另外，在作业中，储气筒会供应保护气体来隔绝焊接部位与空气接触，以防止氧化或氮化，如图 2 - 4 所示。

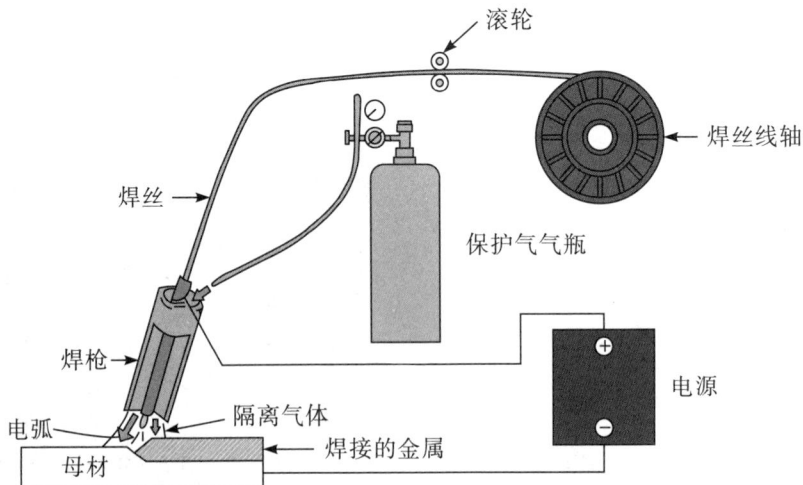

图 2 - 4　熔化极气体保护焊的工作原理

熔化极气体保护焊按保护气体和焊丝的种类不同，有以下类型：

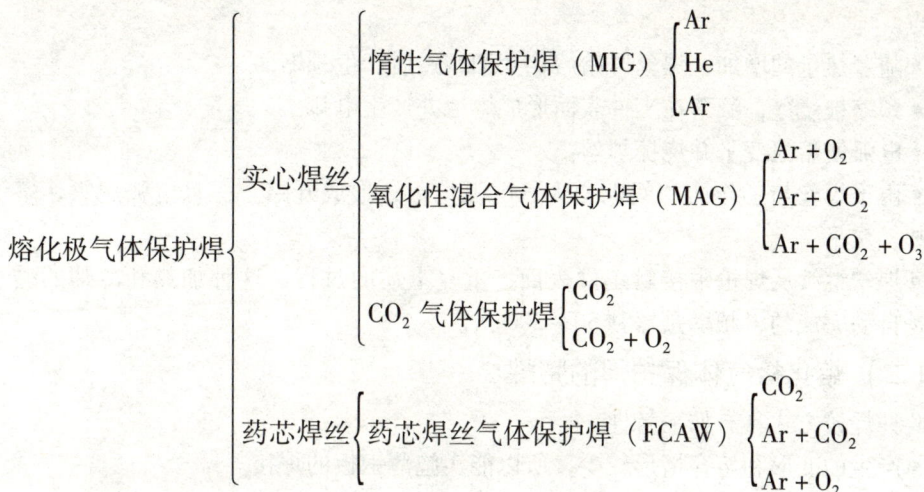

$$
\text{熔化极气体保护焊}
\begin{cases}
\text{实心焊丝}
\begin{cases}
\text{惰性气体保护焊（MIG）}\begin{cases}\text{Ar}\\\text{He}\\\text{Ar}\end{cases}\\[2mm]
\text{氧化性混合气体保护焊（MAG）}\begin{cases}\text{Ar}+\text{O}_2\\\text{Ar}+\text{CO}_2\\\text{Ar}+\text{CO}_2+\text{O}_3\end{cases}\\[2mm]
\text{CO}_2\text{ 气体保护焊}\begin{cases}\text{CO}_2\\\text{CO}_2+\text{O}_2\end{cases}
\end{cases}\\[6mm]
\text{药芯焊丝}\Big\{\text{药芯焊丝气体保护焊（FCAW）}\begin{cases}\text{CO}_2\\\text{Ar}+\text{CO}_2\\\text{Ar}+\text{O}_2\end{cases}
\end{cases}
$$

保护气体的种类由需要焊接的母材决定。大多数钢材都用二氧化碳（CO_2）进行气体保护，或者使用75%的氩气和25%的二氧化碳组成的混合气体，由于氩气比二氧化碳能产生更稳定的电弧，从而使焊缝更平整并减少了飞溅和烧穿现象，所以这种混合气体最适合焊接车身的高强度低碳钢薄板。而对于铝材，则根据铝合金的种类和材料的厚度，分别采用氩气或氩、氦混合气体进行保护。若在氩气中加入4%~5%的氧气作为保护气体，甚至可以焊接不锈钢。

准确地说，CO_2气体不是惰性气体，而是一种半活性气体，CO_2在焊接的高温作用下进行分解，产生强烈的氧化作用，可以把合金元素氧化烧损或造成气孔和飞溅。氩气或氩、氦混合气体才是完全的惰性气体。但是，人们习惯上用惰性气体保护焊来代表所有的气体保护电弧焊。

轿车车身钢板通常使用75%的氩气和25%的二氧化碳组成的混合气体进行焊接，因此属于MAG焊，它采用短路电弧的方法，这是一种独特的将熔化的金属液体滴到母材上的焊接方法。其工作过程如图2-5所示。

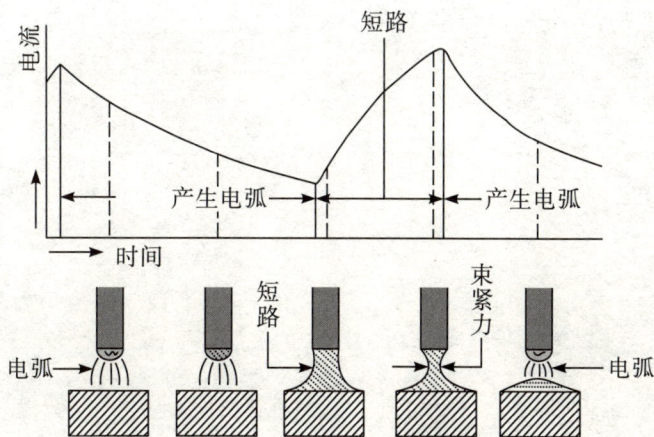

图2-5 短路电弧方法的工作过程

- 在焊接点，焊丝接触到工件表面的瞬间产生短路，引发电弧。电阻加热焊丝和焊接点。
- 随着热量的增加，焊丝开始熔化变细，然后产生颈缩。
- 颈缩被烧穿，滴落在工件表面形成熔池并产生电弧。
- 电弧使熔池变平并烧掉焊丝。
- 由于焊丝与工作面的间隙变大，电弧熄灭，形成开路。一旦电弧熄灭，熔池就会冷却、变平。
- 焊丝继续从焊枪中接触工件表面，重复上述的过程。这种加热和冷却的循环过程都是自动完成的，频率是每秒 50 ~ 200 次。

（二）熔化极气体保护焊的特性

此种焊接方式具有如下特性：

- 产生的变形和熔穿情形较少，所以能实施薄钢板的焊接。
- 焊接后的强度和外观会稍微受工作者的操作技巧影响。
- 熔融金属的温度低，所以金属流动的现象较少，因此可实施全姿势焊接（作业性佳）。
- 焊渣较少，可省略去除焊渣的作业。
- 因为使用气体隔离，所以不适合在有风的区域实施作业。

（三）气体保护焊设备

气体保护焊可分为半自动焊和自动焊两类。车身修理作业使用半自动焊，在工作过程中设备自动运行，但焊枪需手动控制。市场上出售的气体保护焊机既可使用纯二氧化碳气体，也可使用纯氩气或使用二者的混合气体，只需简单地更换气瓶和调节器即可。

焊接设备是由焊枪、焊线输送装置、隔离气体供给装置、控制装置和电源所构成，根据组合方式的不同有多种型式的机型。在此以图 2 – 10 中的机型为例说明，其他机型的使用方法和基本结构都大同小异。

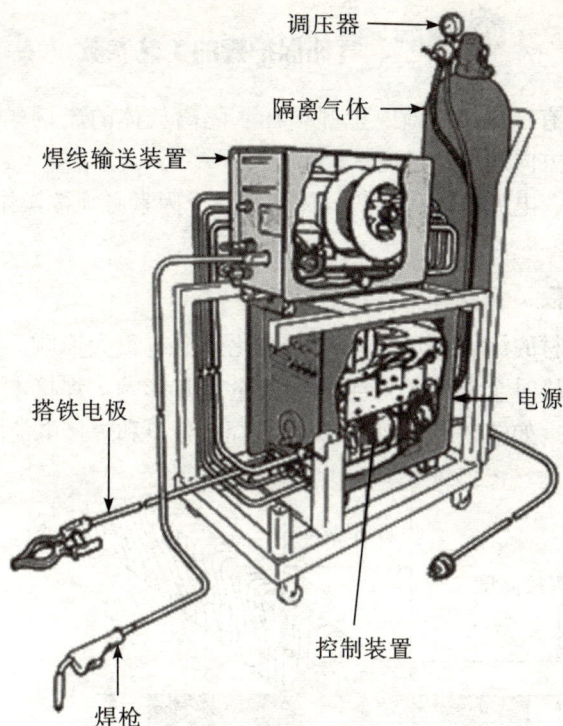

图 2 − 6　气体保护焊设备示意图

图中标注：调压器、隔离气体、焊线输送装置、搭铁电极、焊枪、控制装置、电源

1. 焊枪

焊枪的作用是将隔离气体喷洒于焊接部位，同时输送焊接电流至焊线而产生电弧。另外在焊枪的手柄上附有一个开关，可使操作者控制焊接作业的开始与结束。

2. 焊线输送装置

焊线输送装置是将焊线输送到焊枪，焊线是根据所使用的焊接电流、电压以一定的速度输送的。

3. 隔离气体供给装置

隔离气体供给装置的作用是将储气筒中的隔离气传送到焊枪。它是由调整器和电磁阀组成的。其中调整器的作用是将储气筒中的高压气体减压并控制气体流速。电磁阀是控制气体流出的开关。

4. 控制装置

控制装置由大量半导体零件组成，它安装于电源内部。当控制装置接收到焊枪开关的信号后，控制焊线输送装置的动作、焊接电流的开启或关闭、隔离气体的供给与停止。其中最重要的项目是控制焊线开始输送与停止输送，并且依照电流和电压来调整焊线的送丝速度，使电弧的长度控制在一定的范围内。

5. 电源

为提供产生电弧所需电力之装置。

二、气体保护焊的工艺参数

影响焊接的因素有：焊接电流、电弧电压、隔离气体的流量、电极与母材间的距离、焊枪角度、焊接方向和焊接速度等。

其中，焊接电流、电弧电压和隔离气体流量三个因素必须按操作手册来调整。

（一）焊接电流

焊接电流对于母材的熔入深度及焊线的熔化速度有很大影响。另外，焊接电流对于电弧的稳定性和焊接时金属粒子产生的熔渣量也有影响。焊接电流愈大，熔入深度和焊珠的宽度也愈大，如图 2-7 所示。焊丝直径、板厚和焊接电流的关系见表 2-1。

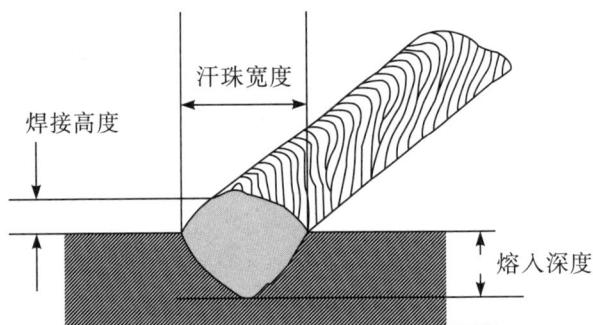

图 2-7　熔入深度、焊接高度、汗珠宽度

表 2-1　焊丝直径、板厚和焊接电流的关系

板厚/mm 直径/mm	0.6	0.8	1.0	1.2	1.6	2.3	3.2
0.6	20~30A	30~40A	40~50A	50~60A			
0.8			40~50A	50~60A	60~90A	100~120A	
0.9					60~90A	100~120A	120~150A

（二）电弧电压

高质量的焊接有赖于适当的电弧长度，而电弧长度是由电弧电压决定的，电压大则电弧长。在稳定焊接过程中，其他条件不变下，随着电弧电压的增加，熔深和剩余金属高度减小，焊缝宽度增大（如图 2-8）。

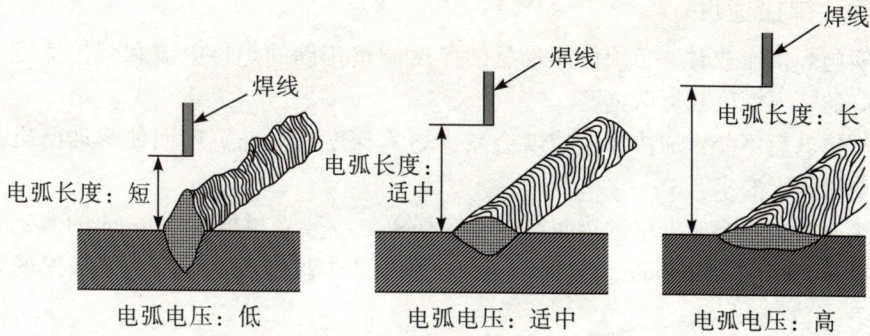

图 2-8　电弧电压对焊缝形状的影响

当电压适当时，将会听到很流畅的吱吱的声音。若是电弧电压太高，则电弧长度会变长。另外，除了焊渣量增多外，吧嗒的噪音亦会增多。相反，若电弧电压过低，则焊丝将不会产生电弧，而使焊丝粘着在钢板上产生膨膨的声音。

（三）隔离气体的流量

小心勿使隔离气体流量过大。若流量过大，反而会产生涡流而降低隔离效果。目前使用的标准流量为 10~15L/min。流量的大小应配合喷嘴至母材的距离、焊接电流、焊接速度和焊接周围的环境（风速）来进行调整。

（四）电极至母材间的距离

电极和母材间的距离是另一个影响焊接效果的重要因素。一般标准的距离约为 8~15mm，若距离太大，则焊线的熔化速度会变快，这是因为焊线的凸出长度过长，过长的部分产生预热，导致电流流通量减少，降低焊珠熔深。同样，距离过大也会降低保护气体的隔离效果。如果距离太小，操作者将很难看到焊接区域，影响焊接质量（如图 2-9）。

（五）焊枪角度和焊接方向

如图 2-10 所示，焊接方向有两种：前进法的熔入深度较浅且焊珠较高，后退法有较深的熔入深度且焊珠较平。一般焊枪的角度与母材垂直面约呈 10~30 度角。

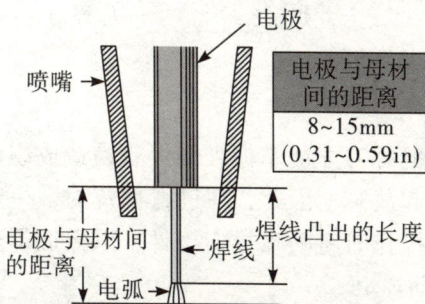

图 2-9　电极与母材的距离

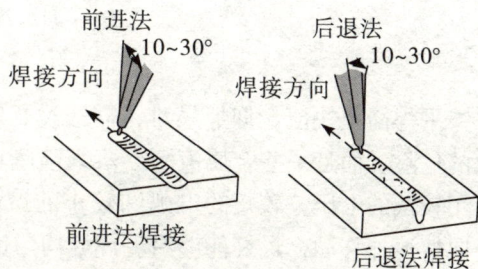

图 2-10　焊枪角度和焊接方向

（六）焊接速度

在实施焊接作业时，必须依照母材的厚度调整正确的焊接电流和焊接速度，才能得到良好的熔入深度和焊珠宽度。

若焊接电流不变，加快焊接速度会减少熔入深度和焊珠宽度而使焊珠凸出，从而达不到焊接强度要求。

焊接速度太慢会使母材过热而产生熔穿现象。一般来说板厚 0.8mm 的薄钢板，其焊接速度是 105～115cm/min。通常焊接钢板愈厚，焊接速度愈慢。不同板厚的焊接速度见表 2-2。

表 2-2　焊接速度

板厚	焊接速度
0.8	105～115cm/min
1.0	100cm/min
1.2	90～100cm/min
1.6	80～85cm/min

（七）送丝速度

如果送丝速度太慢，随着焊丝在熔池内熔化并熔敷在焊接部位，将听到嘶嘶声或啪哒声。此时产生的视觉信号为反光的亮度增强。

送丝速度太快将堵塞电弧，这时焊丝的熔敷速度熔池吸收速度会产生飞溅。这时产生的视觉信号为频闪弧光。

（八）焊接姿势

气体保护焊以四个姿势进行焊接：平焊、横焊、立焊和仰焊，如图 2-11 所示。

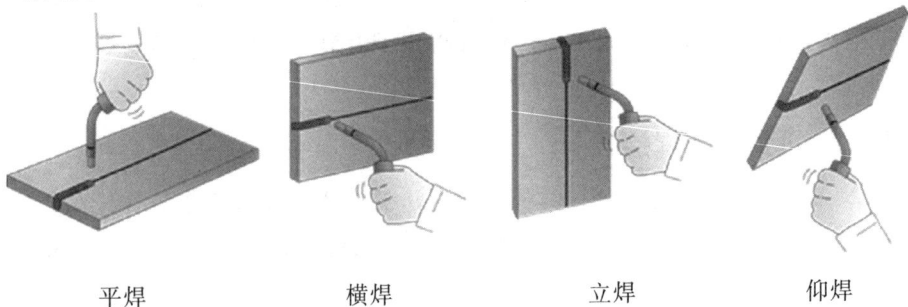

平焊　　　　横焊　　　　立焊　　　　仰焊

图 2-11　焊接姿势示意图

平焊简单快捷，仰焊最难，需经过长时间的练习才能掌握。仰焊容易造成熔池过大的危险，而且一些金属液滴会落入喷嘴而引起故障。因此，在进行仰焊时，一定要使用较低的电压，较短的电弧和较小的熔池。操作时将喷嘴推向工件，以保证焊丝不会向熔池外移动，最好能够沿着焊缝均匀地拉动焊炬。

（九）常见缺陷及原因

焊接条件不佳，就不可能获得良好的焊接品质。表 2－3 是经常发生的焊接缺陷（品质问题）。除了必须了解焊接缺陷名称和缺陷状态外，也要了解发生的原因和对策。

表 2－3 常见缺陷及原因

缺陷	示意图	说明	主要原因
气孔和凹坑	凹坑　气孔	气体进入焊接金属中会产生气孔和凹坑	焊丝有锈迹或水分 母材上有锈 不当的阻挡（喷嘴堵塞、弯曲或气体流量过小） 焊接时冷却速度太快 电弧太长 焊丝规格不合格 气体被不适当地封闭 焊缝表面不干净
咬边		咬边是由于过分熔化的母材形成一个凹槽使母材的横截面减小，严重降低了焊接部位的强度	电弧太长 焊炬角度不正确 焊接速度太快 电流太大 焊炬送进太快 焊炬角度不稳定
熔化不透		这种现象发生在母材与焊接金属之间，或发生在两种熔敷金属之间	焊炬进给不当 电压较低 焊接部位不干净
焊瘤		角焊比对接焊更容易产生焊瘤，焊瘤会引起应力集中而导致过早腐蚀	焊接速度太快 电弧太短 焊炬送进太慢 电流太小
焊接熔深不够		此种缺陷是由于金属熔敷不足而产生的	电流太小 电弧太长 焊丝端部没有对准两层金属板的对接位置 槽口太小

缺陷	示意图	说明	主要原因
焊接溅出物过多		过多的溅出物在焊缝的两边形成许多斑点和凸起	电弧太长 母材金属生锈 焊炬角度太大
溅出物（焊缝浅）		在角焊缝处容易形成溅出物	电流太大 焊丝规格不正确
垂直裂纹		裂纹通常只发生在焊缝顶部表面	焊缝表面被弄脏（油漆、油、锈斑）
焊缝不均匀		焊缝不是均匀的流线型，而是不规则的形状	导电嘴的孔被损坏或变形 焊炬不平稳
烧穿		焊缝内有许多孔	焊接电流太大 两块金属之间的坡口槽太宽 焊炬移动速度太快 焊炬至母材之间的距离太短

三、焊接常用安全防护用品

焊接常用防护用品及作用见表2-4。

表2-4 焊接常用防护用品及作用

防护用品名称	图例	作用
焊接防护面罩		保护您的眼睛和面部免受强光、紫外线和火花的伤害

续表

防护用品名称	图例	作用
焊接专用口罩		保护呼吸系统免受焊接烟雾和粉尘的伤害
护目镜		保护眼睛免受粉尘、火花和有机溶剂的伤害；车下作业时，保护眼睛免受掉落物伤害
防护面罩		保护眼睛和面部免受粉尘、火花、飞溅颗粒和液体的伤害，与护目镜一起佩戴可以提高防护效果
防紫外线眼睛		保护您的眼睛免受强光和紫外线的伤害
耳塞		保护您的耳朵免受敲击声和作业时产生的噪音伤害
耳罩		保护您的耳朵免受敲击声和作业时产生的噪音伤害
焊接皮手套		保护您的手免受火花或焊渣的伤害。用具有强防火性和耐热性的材料制成
皮手套		保护您的手免受锋利钢板边缘和毛边的伤害

防护用品名称	图例	作用
防溶剂手套		防止有机溶剂接触皮肤，进入身体。由高性能丁腈胶料制造
焊接皮围裙		焊接时，保护您的身体免受焊渣的伤害。用具有强防火性和耐热性的材料制成
焊接皮护腿		焊接时，保护您的脚部免受焊渣的伤害。用具有强防火性和耐热性的材料制成
安全鞋		保护脚趾免受重物砸伤。鞋尖处含有钢片

四、设备、工具和材料准备

- 气体保护焊机、80% Ar + 20% CO_2 保护气体、0.6mm 或 0.8mm 的钢焊丝。
- 工作帽、焊接防护面罩、焊接口罩、工作服、皮围裙、焊接皮手套、皮手套、皮护腿、安全鞋等。
- 焊接钢板若干，规格 0.8～1mm 冷轧钢板。
- 带式打磨机、大力钳、克丝钳、台虎钳及工作台、螺丝刀等。
- 清洁布、除油剂。

五、技术标准及要求

焊接的强度取决于焊接的质量，因此车身维修中对焊接质量应进行控制。

对车身进行焊接前，可试焊一些样板来验证焊接参数和效果。具体的做法是选择与汽车车身上需要焊接的零部件材料相同的金属板，调整好焊接的各项工艺参数，进行焊接。焊接完成后，对试验样板进行破坏性试验，根据试验结果评价焊接质量。

1mm 钢板对接焊的要求如下：

焊缝外观要求：焊珠形状规则、焊珠排列平直、背面熔深连续、无过多焊渣、无穿孔、工件无扭曲变形、焊缝宽度 5~7mm、高度 1~2mm、熔深 1~3mm。

破坏性试验要求：焊接完毕后进行破坏试验，将下层金属板材夹持在台钳上，反复弯折上层金属板材，直至两层板材被分离。破坏结果应为上层金属板材沿焊疤轮廓折断，下层金属板材无脱焊，否则说明焊接不符合要求。

六、薄钢板的对接焊操作步骤

（一）安全防护

防护要求见表 2-5。

表 2-5 安全防护

作业	焊接准备、防锈处理	
防护用品	工作帽 护目镜（除漆膜、焊接准备、车身密封和施涂底漆） 口罩（除漆膜，车身密封和施涂底漆） 工作服 皮手套 防溶剂手套 安全鞋	
作业	气体保护焊——从预设焊机至焊接作业	
防护用品	工作帽 焊接防护面罩 口罩 工作服 皮围裙 皮手套 皮护腿 安全鞋	

（二）焊接前的准备工作

1. 如果焊线的末端形成较大圆珠时，将难以产生电弧。所以必须使用克丝钳将焊线末端切除。切除方法如图 2 – 12 所示。

图 2 – 12　切除焊丝末端圆球

注意：切除焊丝末端时，切勿将焊枪末端朝向脸部。

2. 喷嘴焊渣的清除。如果焊渣物附着于喷嘴上，保护气体将无法正常流动，影响焊接效果。正确方法是从焊枪拆下喷嘴，使用木制刮刀刮除焊渣物，然后用气枪将焊渣物吹除，喷嘴安装后，应喷涂防焊渣剂于喷嘴上。如图 2 – 13 所示。

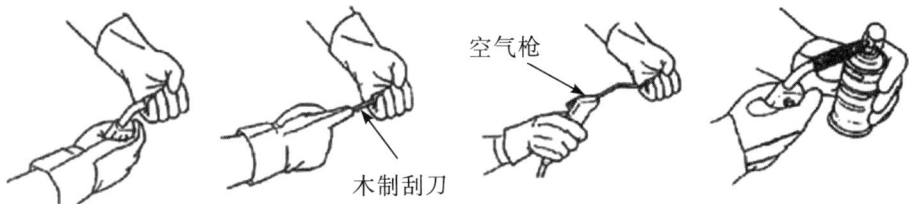

图 2 – 13　喷嘴焊渣的清除

（三）对接焊的焊接步骤

对接焊是将两片钢板置于同一平面上，并把两片对接钢板的缝隙填满而接合成一体的焊接，如图 2 – 14 所示。此种方法用于切割更换的钢板接缝处无法实施搭接焊处的焊接。

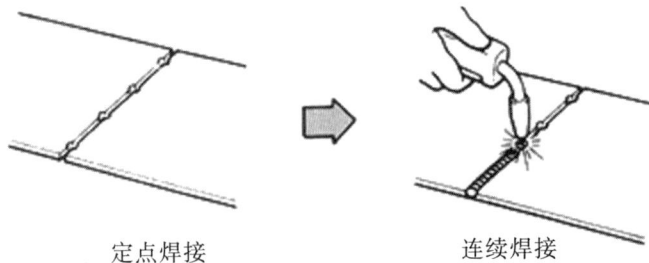

定点焊接　　　　　　　　　　连续焊接

图 2 – 14　对接焊

22

虽然厚、薄钢板都可实施对接焊，但是在焊接较厚的钢板时，为了提高渗透性，必须将开口研磨成斜面，如图2-15所示。

图2-15 厚钢板的对接焊需将开口研磨成斜面

薄钢板的对接焊具体焊接步骤如下：

1. 钢板定位

钢板定位如图2-16所示。

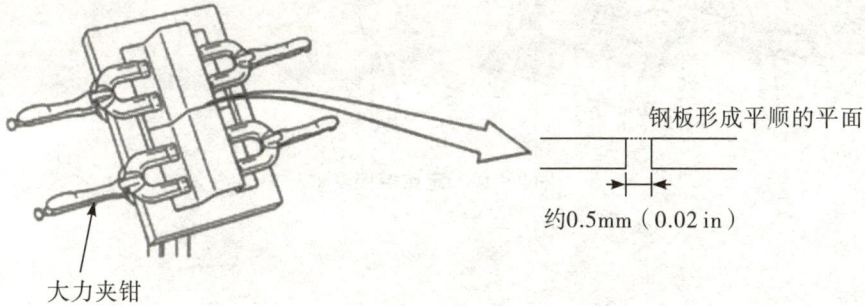

图2-16 钢板定位

2. 焊机设定

（1）依照使用手册调整焊接机上的各项功能。

（2）以同样材质和厚度的试板进行试焊。

（3）观察焊珠熔深和焊珠，如图2-17。

（4）确认焊机是否调整正确。

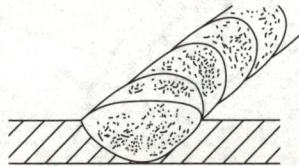

优

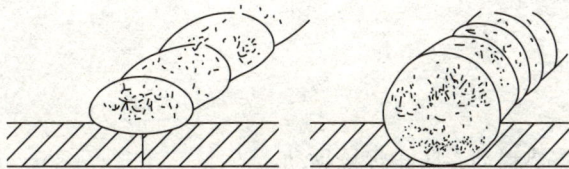

劣

图2-17 良好焊珠的形状

3. 定点焊接

将两块钢板实施定点焊接，如图 2 – 18，焊枪焊枪的基本操作要求如图 2 – 19。

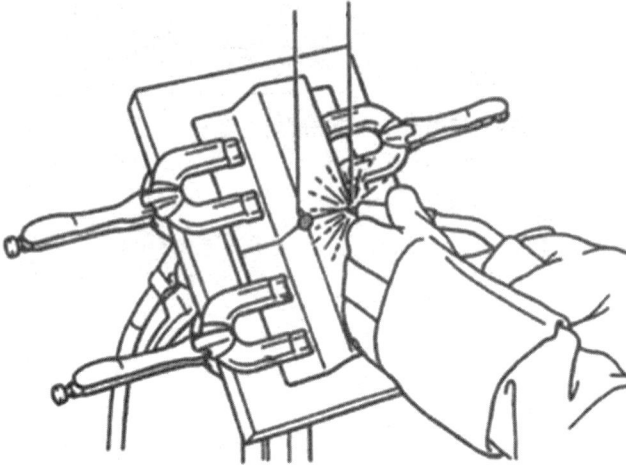

图 2 – 18　定点焊接要求

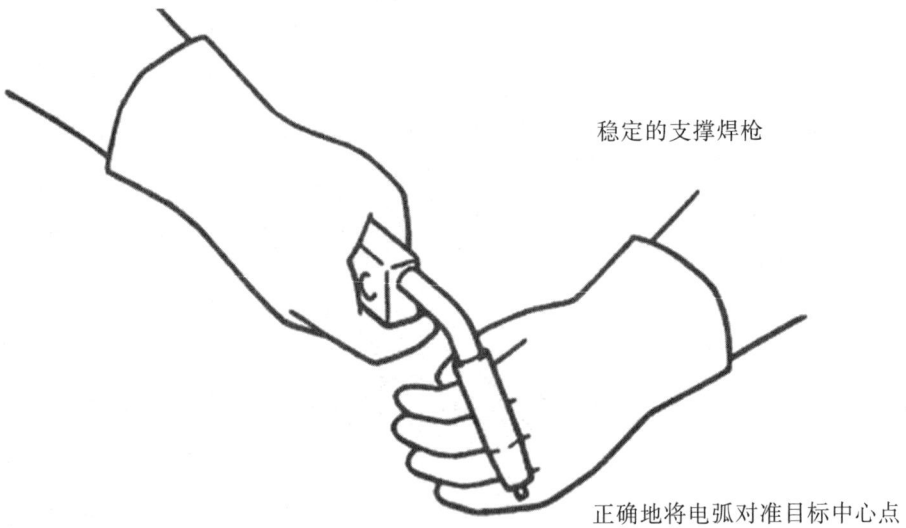

稳定的支撑焊枪

正确地将电弧对准目标中心点

图 2 – 19　焊枪的基本操作要求

4. 主焊接

（1）以稳定的姿势移动，防止焊枪晃动。

（2）对准定点焊接的末端。

（3）重复地将开关 ON&OFF。

（4）以焊珠连接定点焊接的点，具体要求如图2-20、图2-21。

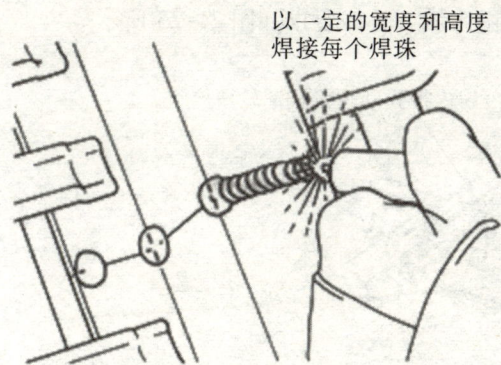

以一定的宽度和高度
焊接每个焊珠

图2-20 主焊接要求一

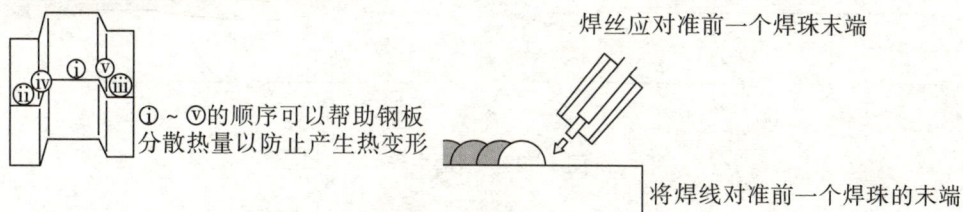

①~⑤的顺序可以帮助钢板
分散热量以防止产生热变形

焊丝应对准前一个焊珠末端

将焊线对准前一个焊珠的末端

图2-21 主焊接要求二

焊接薄钢板时必须间断操作焊枪开关，如图2-22。

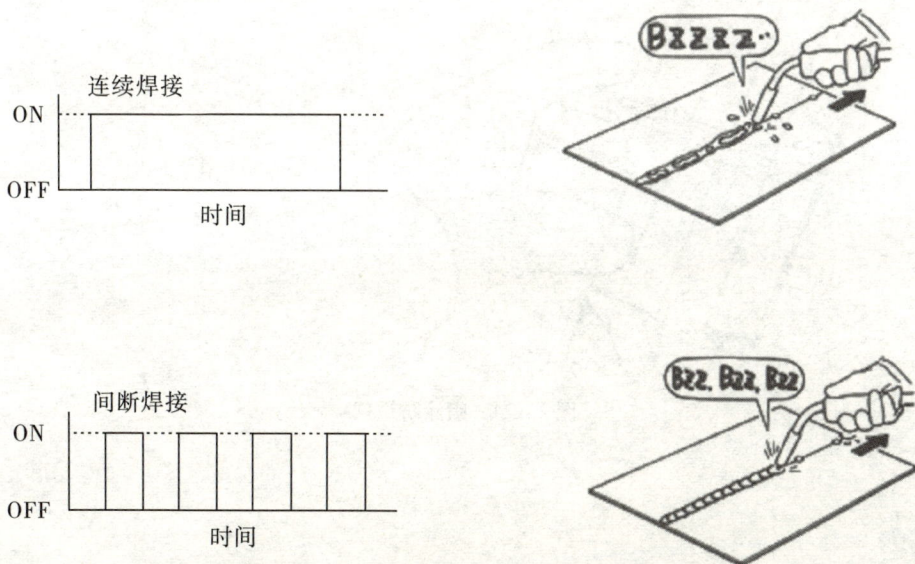

连续焊接

ON

OFF

时间

Bzzzz...

间断焊接

ON

OFF

时间

Bzz.Bzz.Bzz

图2-22 间断焊接与连续焊接的比较

5. 研磨焊珠

研磨焊珠和焊珠周围区域，具体要求如图 2 - 23 所示。

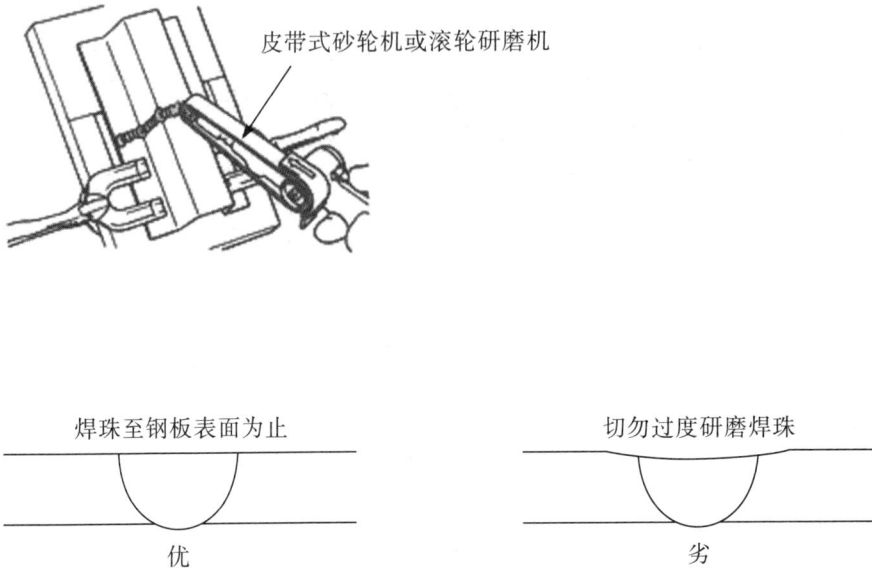

图 2 - 23　研磨焊珠

6. 喷涂防锈剂

在焊接部位的背面喷涂防锈剂，此程序在涂装作业后实施，见图 2 - 24。

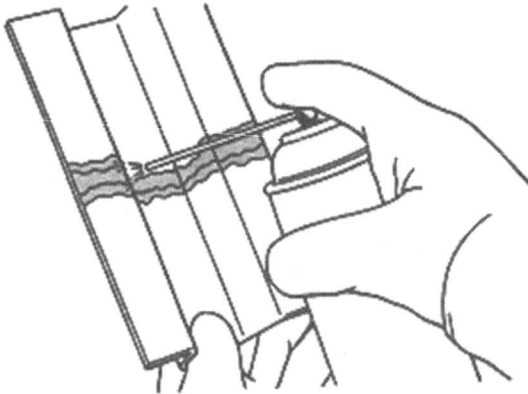

图 2 - 24　喷涂防锈剂

七、任务技能考核表

序号	考核内容	配分	评分标准	考核记录	扣分	得分
1	焊件钢板准备	10	清洁除油、打磨焊件除锈、除杂质，必要时使用锤子修平			
2	对接焊操作步骤	5	通过试焊，调整合适的焊接参数			
		5	先进行定位焊点操作			
		5	定位焊点的位置：以15～30倍板厚为间距			
		5	主焊接前打磨定位点			
		5	采用分段焊接分段冷却的方式（建议每段10-20cm）			
	质量评估	45	对接焊接：焊珠形状规则、焊珠排列平直、熔深连续、焊缝宽度5～7mm、高度1～2mm、熔深1～3mm、无过多焊渣、无熔穿、无气孔，工件无扭曲变形			
3	安全防护	10	工作服/工作鞋/工作帽/护目镜/耳塞/面罩/皮手套/焊接套装/焊接防护面罩/焊接口罩			
4	5S及其他	10	全程5S保持/作业结束清洁工具/错误的工具使用方法/操作失误			
教师签字				年　　月　　日		

课后练习题

1. 名词术语

气体保护焊、MIG焊、MAG焊、对接焊、立焊、平焊、横焊、仰焊

2. 选择题

（1）在MIG焊接中使用哪两种运弧方法？　（　　　）

A. 跳焊或缝焊　　　　　　　　B. 推动或拉动

C. 横焊或立焊　　　　　　　　D. 定位焊或断续焊

（2）MIG焊接电流影响下面的哪一项？　（　　　）

A. 母材的熔深　　　　　　　　B. 电弧的稳定性

C. 焊接溅出物的数量　　　　　D. 上面所有

（3）进行MIG焊接时，如果导电嘴到母材的距离太大，将会发生什么情况？
（　　　）

A. 焊丝熔化速度加快

B. 焊丝从焊炬端部的伸长部分加长，焊丝处于过热状态

C. 减小保护气体的作用　　　D. 上面所有

（4）气体保护焊枪移动太快会导致（　　　）。

A. 熔池太大　　　　　　　　B. 金属上产生孔

C. 熔透性不好　　　　　　　D. 所有上面的现象

（5）下列哪项不是气体保护焊的优点？（　　　）

A. 焊接方法容易掌握　　　　B. 焊件不容易变形

C. 可焊接不相熔的金属　　　D. 无焊渣

（6）下列关于 MIG 焊接钢板的描述，哪一个是正确的？（　　　）

A. 比氧乙炔焊产生更多的热变形和热量

B. 焊接前，在焊接位置上施涂焊接剂

C. 保护气体是 CO_2 和氧气的混合气

D. 喷出 Ar 和 CO_2 气体来隔离焊接区域和空气

（7）如果研磨焊珠后发现小孔，正确的处理方法是什么？（　　　）

A. 施涂防锈底漆并用原予灰填充小孔

B. 施涂防锈蜡

C. MIG 焊接补焊

D. 施涂防锈底漆并用车身密封胶填充小孔

（8）MIG 焊接电流影响下面的哪一项？（　　　）

A. 母材的熔深　　　　　　　B. 电弧的稳定性

C. 焊接溅出物的数量　　　　D. 上面所有

（9）在 MIG 焊接中，电极顶端与金属板间的最佳距离是多少？（　　　）

A. 2～5mm　　　　　　　　B. 2～15mm

C. 8～15mm　　　　　　　　D. 20～30nun

（10）气体保护焊的焊缝若出现咬边，可能的原因是？（　　　）

A. 焊丝规格不合适　　　　　B. 电压较低

C. 电弧太长　　　　　　　　D. 焊接部位不干净

（11）气体保护焊的焊缝若出现焊瘤，可能的原因是？（　　　）

A. 焊丝规格不合适　　　　　B. 电流太大

C. 电弧太短　　　　　　　　D. 焊接部位不干净

3. 思考题

（1）气体保护焊常用的保护层气体有哪些？气体保护焊有哪些特点？

（2）简述气体保护焊的焊接原理？

（3）焊接操作时需注意哪些安全保护措施？

（4）对接连续焊应注意哪些操作事项？

（5）影响气体保护焊对接焊质量的因素有哪些？

（6）你的对接焊焊件有何缺陷？原因是什么？

任务三

汽车薄钢板的搭接焊

学习目标

1. 熟悉薄钢板的搭接焊在车身修复中的应用情况。
2. 能根据焊接对象，选择合适的气体保护焊工艺参数。
3. 能做好气体保护焊焊接时的安全防护工作。
4. 能初步完成利用气体保护焊进行薄钢板的搭接焊工作。

任务引入

钢质车身内板件切割更换时，切割接缝常用搭接焊的方式连接，比如车厢地板，如图3-1所示。所以在车身维修作业中，会用到汽车薄钢板的搭接焊作业，目前我们常用气体保护焊来完成此作业。

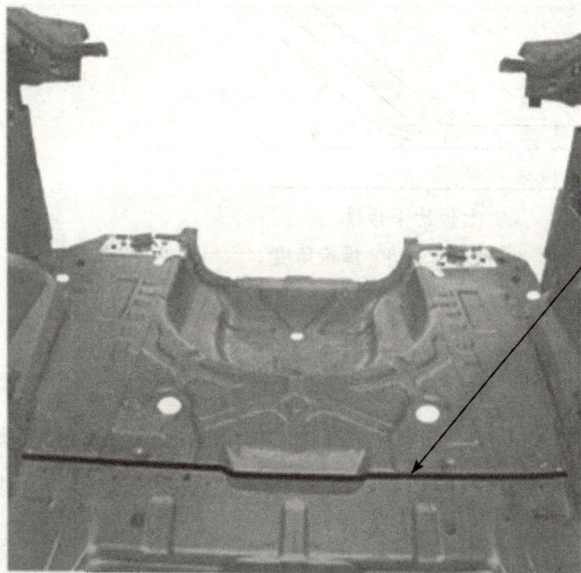

行李箱
地板与
前地板
搭接焊
缝的位
置

图3-1　车厢地板切割更换常用搭接焊

29

一、搭接焊简介

搭接焊是在重叠的两片金属板的边缘实施焊接，使金属板结合成一体的焊接方法，如图3-2所示。多用于车身上无法实施点焊或填孔焊接的部位。

图3-2 搭接焊

搭接焊的焊缝为一种填角，焊条与焊接方向之间的角度一般取75°~85°。焊接时，焊条与下板表面之间的角度应随下板的厚度增加而增大，如图3-3所示。

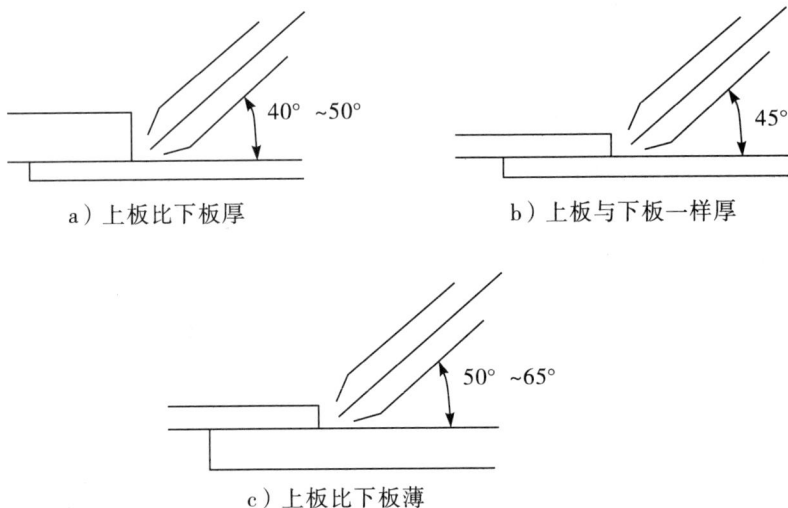

a）上板比下板厚

b）上板与下板一样厚

c）上板比下板薄

图3-3 焊枪角度

二、设备、工具和材料准备

- 气体保护焊机、80% Ar + 20% CO_2 保护气体、0.6mm 或 0.8mm 的钢焊丝。
- 工作帽、焊接防护面罩、焊接口罩、工作服、皮围裙、焊接皮手套、皮手套、皮护腿、安全鞋等。
- 焊接钢板若干，规格 0.8~1mm 冷轧钢板。
- 带式打磨机、大力钳、克丝钳、台虎钳及工作台、螺丝刀等。
- 清洁布、除油剂。

🔧　三、技术标准及要求

对车身进行焊接前，可试焊一些样板来验证焊接参数和效果。具体的做法是选择与汽车车身上需要焊接的零部件材料相同的金属板，调整好焊接的各项工艺参数进行焊接。焊接完成后，对试验样板进行破坏性试验，根据试验结果评价焊接质量。

1mm 钢板搭接焊的要求如下：

焊缝外观要求：焊珠形状规则、焊珠排列平直、背面熔深连续、无过多焊渣、无穿孔、工件无扭曲变形、焊缝宽度 5~7mm、高度 1~2mm、熔深 1~3mm。

破坏性试验要求：焊接完毕后进行破坏试验，将下层金属板材夹持在台钳上，反复弯折上层金属板材，直至两层板材被分离。破坏结果应为上层金属板材沿焊疤轮廓折断，下层金属板材无脱焊，否则说明焊接不符合要求。

🔧　四、薄钢板的搭接焊操作步骤

安全防护和焊接前的准备工作同汽车薄钢板的对接焊。搭接焊的具体步骤如下：

1. 钢板定位

按搭接焊要求，使用大力夹钳定位焊接板件，两板重叠部分的长度至少为两板厚度之和的 2 倍。

2. 焊机设定

依照使用手册调整焊接机上的各项功能，以同样材质和厚度的试板进行试焊。

3. 搭接焊定位焊接

对焊接板件实施定点焊接。实施定位焊接可使两片钢板先定位，并且可以减少主焊接产生的热变性，如图 3-4。

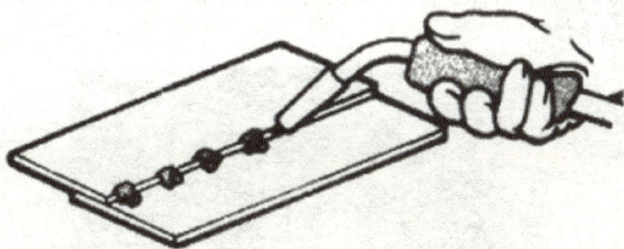

图 3-4　定点焊接

4. 搭接焊主焊接

定位焊将整个焊缝分成若干段，为防止热变形，主焊接时，应按合理的顺利焊接每段焊缝。

（1）引弧

按下焊枪上的控制开关，焊机自动提前送气，延时接通电源，保持高电压，慢送丝，当焊丝碰撞焊件短路后，自动引燃电弧。短路时，焊枪有自动顶起的倾向，所以在引弧时要稍用力下压焊枪，防止焊枪抬起太高，电弧太长而熄灭。

（2）运条

车厢地板搭接焊有上、下两条焊缝，根据焊缝的位置，分别为平焊和仰焊。

平焊时，容易在上板边缘产生咬边，也容易产生焊偏，造成未焊透。所以，要掌握好焊接角度和运条方法，焊枪与下板表面的角度应偏向板厚的一侧，地板钢板比较薄，使用直线运条法进行单层焊接，如图3-5。

仰焊时，熔化金属在重力作用下，容易流下，熔池形状和位置不易控制，容易出现未焊透、凹陷的缺陷，表面不易焊得平整。焊接时，必须正确选择焊接电流，减少熔池面积，尽量维持最短的电弧，让熔滴在很短的时间内过渡到熔池中，使焊缝成形。

图3-5　搭接焊主焊接

（3）收弧

焊接结束前须收弧，若收弧不当容易产生弧坑并出现弧坑裂纹、气孔等缺陷。收弧时，焊枪除停止前进外，不能抬高喷嘴，即使弧坑已填满，电弧已熄灭，也要让焊枪在弧坑处停流几秒后才能移开。因为灭弧后，控制电路仍延迟送气一段时间，以保证熔池凝固时能得到可靠的保护，若收弧时抬高焊枪，则容易因保护不良引起缺陷。搭接焊缝如图3-6所示。

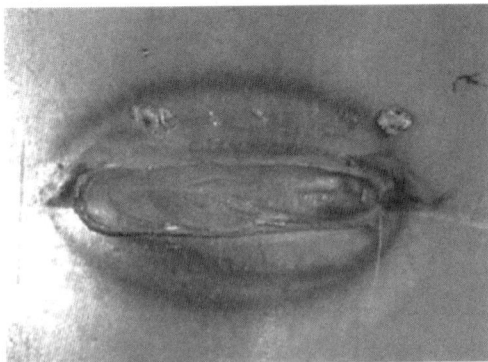

图3-6　采用连续焊接的搭接焊缝

（4）焊接应力与变形的处理

在进行搭接焊主焊接时，采用了合理的焊接顺序，在一定程度上减少了焊接应力和焊接变形。但地板焊接焊缝较长，容易产生焊接变形，除了采用合理的焊接顺序外，还需要在每焊完一道焊缝后，在焊缝冷却的同时锤击焊缝及周边区域，减小焊接残余应力，从而减少钢板的变形。

另外薄钢板的搭接焊也可采用同薄钢板对接焊相同的焊接方法及间断焊接。先定位，后利用一系列相连或重叠的点焊形成连续焊缝。

五、任务技能考核表

序号	考核内容	配分	评分标准	考核记录	扣分	得分
1	焊件钢板准备	10	清洁除油、打磨焊件除锈、除杂质，必要时使用锤子修平			
2	搭接焊操作步骤	5	通过试焊，调整合适的焊接参数			
		5	先进行定位焊点操作			
		5	定位焊点的位置：以 15~30 倍板厚为间距			
		5	主焊接前打磨定位点			
		5	采用分段焊接分段冷却的方式（建议每段10~20cm）			
	质量评估	45	焊珠形状规则、焊珠排列平直、熔深连续、焊缝宽度 5~7mm、高度 1~2mm、熔深 1~3mm、无过多焊渣、无熔穿、无气孔，工件无扭曲变形			
3	安全防护	10	工作服/工作鞋/工作帽/护目镜/耳塞/面罩/皮手套/焊接套装/焊接防护面罩/焊接口罩			
4	5S 及其他	10	全程 5S 保持/作业结束清洁工具/错误的工具使用方法/操作失误			
	教师签字			年　　月　　日		

课后练习题

1. 什么是搭接焊？搭接焊在车身维修作业中有什么作用？
2. 请简述搭接焊的焊接方法？
3. 影响气体保护焊搭接焊质量的因素有哪些？
4. 你的搭接焊焊件有何缺陷？原因是什么？

任务四

汽车薄钢板的填孔焊

学习目标

1. 熟悉薄钢板的填孔焊在车身修复中的应用情况。
2. 能根据焊接对象，选择合适的气体保护焊工艺参数。
3. 能做好气体保护焊焊接时的安全防护工作。
4. 能初步完成利用气体保护焊进行薄钢板的填孔焊工作。

任务引入

钢质车身在原厂主要采用电阻点焊的方式焊接在一起，在车身维修作业中更换焊接的板件时，常用填孔焊代替原厂的电阻点焊。所以在车身维修作业中，会用到汽车薄钢板的填孔焊作业，目前常用气体保护焊来完成此作业。如图 4 - 1 所示，填孔焊在更换后翼子板作业中的应用。

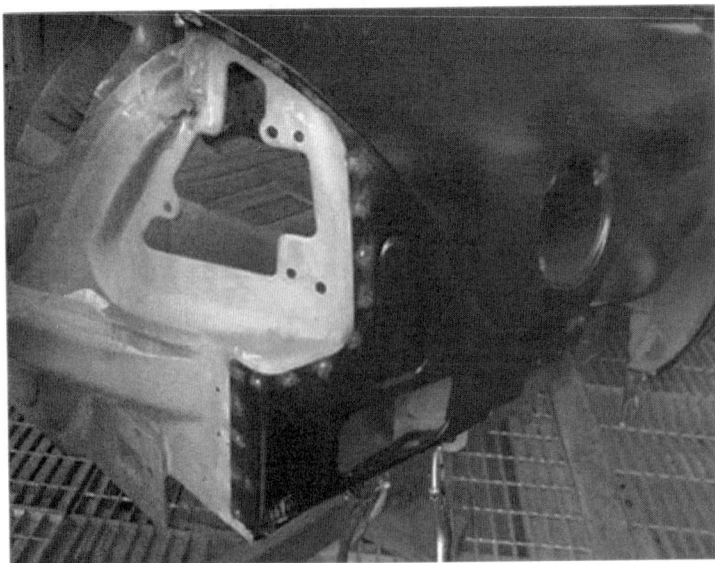

图 4 - 1　填孔焊在更换后翼子板作业中的应用

一、填孔焊简介

填孔焊（又称塞焊）是对两块或两块以上重合在一起的钢板的上板钻孔，然后用熔融金属将孔填满的焊接作业，如图4-2所示。

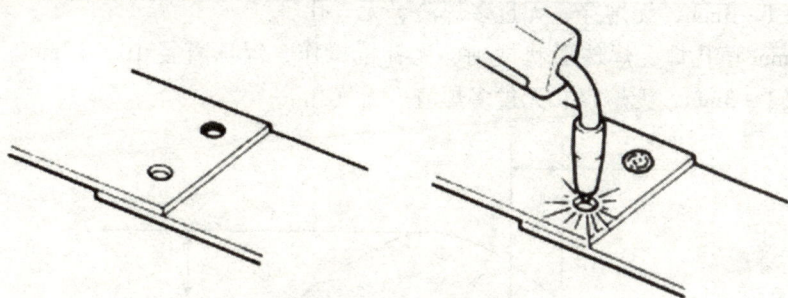

图4-2 填孔焊

填孔焊是在车身维修中使用最频繁的焊接方法之一，应用于无法实施电阻点焊的特殊部位，或是使用电阻点焊接而不能达到理想强度的部位。若焊接的钢板厚度非常厚，则填孔的孔径必须加大，如表4-1所示。

表4-1 塞焊时板厚与孔径的关系

板厚 mm	孔径 mm
1.0	至少5
1.0~1.6	至少6.5
1.7~2.3	至少8
2.4以上	至少10

二、设备、工具和材料准备

- 气体保护焊机、80%Ar+20%CO_2保护气体、0.6mm或0.8mm的钢焊丝。
- 工作帽、焊接防护面罩、焊接口罩、工作服、皮围裙、焊接皮手套、皮手套、皮护腿、安全鞋等。
- 焊接钢板若干，规格0.8~1mm冷轧钢板；
- 带式打磨机、打孔器、气动钻或电动钻、大力钳、克丝钳、台虎钳及工作台、螺丝刀等。
- 清洁布、除油剂。

☼ 三、技术标准及要求

焊缝外观要求如图4-3所示，具体要求如下：

（1）5mm填孔焊，焊珠形状规则，无补枪操作，焊珠直径6～8mm、高度1～2mm、熔深1～3mm，无熔穿、无过多焊渣、无气孔。

（2）8mm填孔焊，焊珠形状规则，无补枪操作，焊珠直径10～12mm、高度1～2mm、熔深1～3mm，无熔穿、无过多焊渣、无气孔。

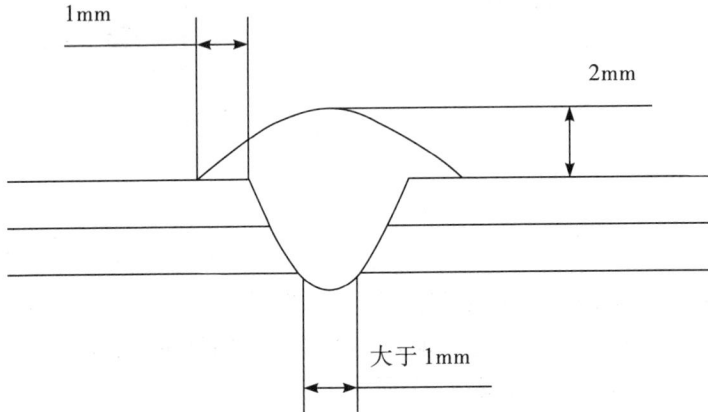

图4-3　填孔焊焊珠尺寸要求

破坏性试验要求：焊接完毕后进行破坏试验，将下层衬板板材夹持在台钳上，采用扭转的方式以焊点为中心扭转上层金属板材。上层金属板材应沿焊疤外缘整齐断开，在衬板板材上留有焊疤，但衬板不应脱焊，否则焊接不合格。

☼ 四、薄钢板的填孔焊操作步骤

安全防护和焊接前的准备工作同汽车薄钢板的对接焊。填孔焊接的具体步骤如下：

1. 在钢板上钻孔

钻孔方法如图4-4。孔径大小可参考表4-1。当实施钻孔作业时，会在钢板的一面形成毛边，因此，钻孔前必须确认会形成毛边的一面朝向外侧，如图4-5。如果钢板连接面产生毛边。必须把毛边研磨掉，如图4-6。

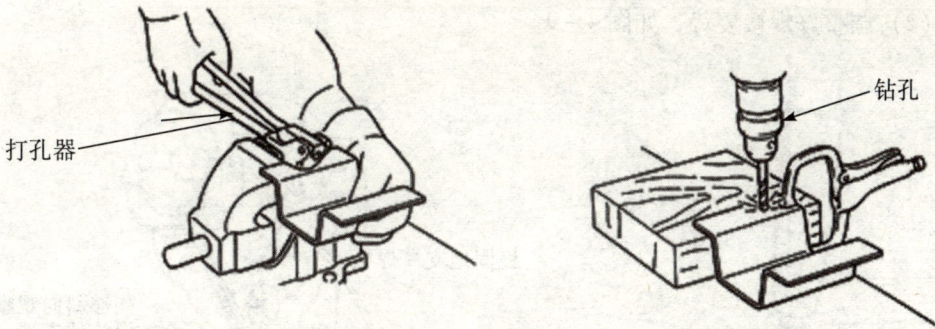
图 4 - 4　打孔与钻孔

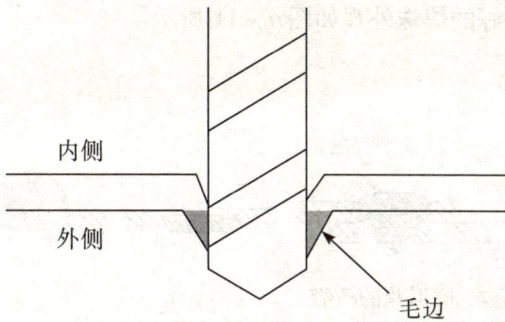
图 4 - 5　毛边的一面须朝向外侧图

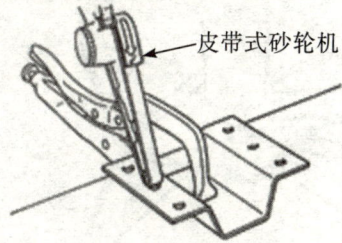
4 - 6　去除毛边

2. 钢板定位

把两块钢板叠加一起并定位好它们的位置，从孔中观察两块钢板之间是否有间隙，如图 4 - 7。如果钢板间有间隙，则使用手锤和手顶铁修正钢板的变形，或使用大力夹钳夹紧孔口周圈，以防止产生任何间隙。

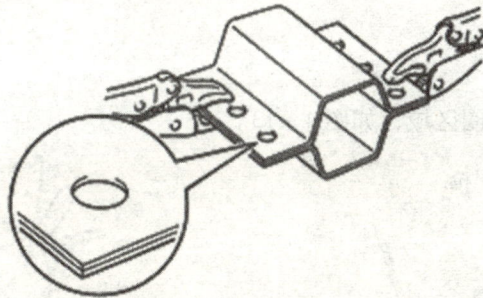
图 4 - 7　钢板定位

3. 焊机设定

依照使用手册调整焊接机上的各项功能，以同样材质和厚度的试板进行试焊。

4. 焊接

（1）将焊枪竖立起来，如图 4 - 8。

（2）调整好焊接姿势，如图4-9。

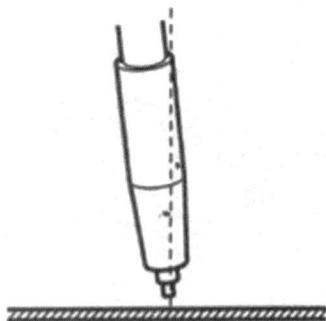

图4-8　焊枪竖立

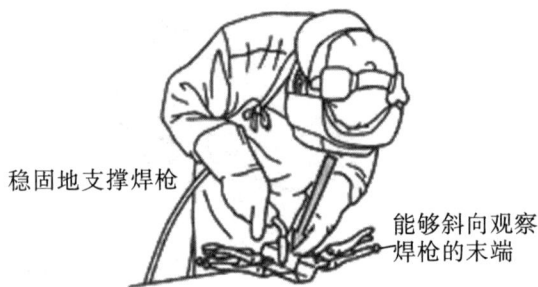

稳固地支撑焊枪

能够斜向观察焊枪的末端

图4-9　调整好焊接姿势

（3）填满每一个孔，如图4-10。良好的焊珠外观如图4-11所示。

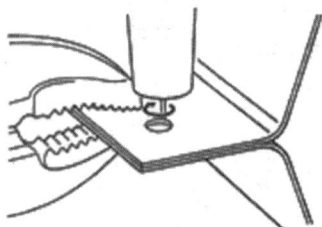

在焊接点产生电弧

沿着孔口周围缓慢地移动焊枪

图4-10　填满每一个孔

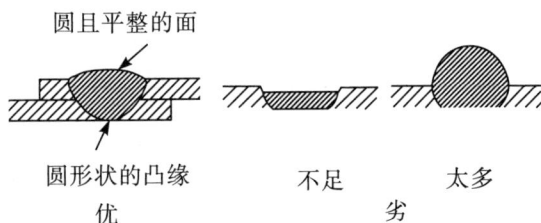

圆且平整的面

圆形状的凸缘
优

不足

太多
劣

图4-11　良好的焊珠外观

对于较小孔径（直径约6mm）焊接方法如图4-12。

● 将焊线对准孔的中央。

● 扳动焊枪开关。

● 填满孔口。

● 松开焊枪开关。

5. 研磨焊珠

研磨焊珠和焊珠周圈区域，如图4-13。

不需要移动焊枪

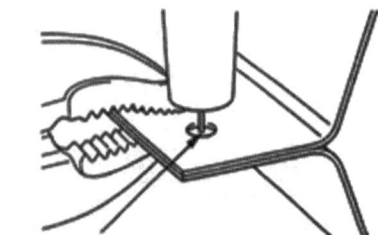

孔的中央

图4-12　直径6mm以下焊接方法

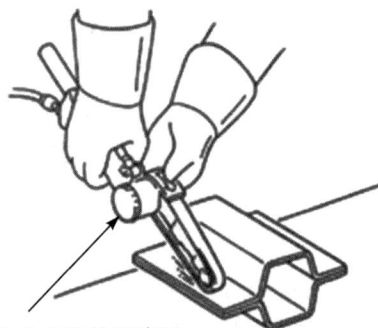

皮带式砂轮机或滚轮研磨机

图4-13　研磨焊珠

五、任务技能考核表

序号	考核内容	配分	评分标准	考核记录	扣分	得分
1	焊件钢板准备	2	清洁除油、打磨焊件除锈、除杂质，必要时使用锤子修平			
		2	填孔焊钢板接合面施涂焊接专用防锈漆			
2	5mm 填孔焊	2	通过试焊，调整合适的焊接参数			
		2	正式焊接，每个孔单独用夹钳夹紧钢板			
		2	直径5MM填孔焊：对准孔中心操作、焊枪角度接近垂直于焊件表面			
		2	跳跃实施			
3	8mm 填孔焊	2	通过试焊，调整合适的焊接参数			
		2	正式焊接，每个孔单独用夹钳夹紧钢板			
		2	直径8MM填孔焊：由外向内螺旋操作、焊枪角度与焊件垂直面成10～30度			
		2	跳跃实施			
4	质量评估	30	直径5MM填孔焊：焊珠形状规则，无补枪操作、焊珠直径约7mm、高度1～2mm、熔深1～3mm、无熔穿、无过多焊渣、无气孔			
		30	直径8MM填孔焊：焊珠形状规则，无补枪操作、焊珠直径约10mm、高度1～2mm、熔深1～3mm、无熔穿、无过多焊渣、无气孔			
5	安全防护	10	工作服/工作鞋/工作帽/护目镜/耳塞/面罩/皮手套/焊接套装/焊接防护面罩/焊接口罩			
6	5S 及其他	10	全程5S保持/作业结束清洁工具/错误的工具使用方法/操作失误			
	教师签字			年　　　月　　　日		

课后练习题

1. 什么是填孔焊？填孔焊在车身维修作业中有什么作用？

2. 请简述5mm的孔和8mm的孔填孔焊接方法？

3. 影响气体保护焊填孔焊焊质量的因素有哪些？

4. 你的填孔焊焊件有何缺陷？原因是什么？

任务五

汽车薄钢板的电阻点焊

▼ 学习目标

1. 熟悉电阻阻点焊的设备组成、结构、工作原理、特点和焊接工艺。
2. 能利用电阻点机焊完成车身维修中所需薄钢板的点焊工作。

▼ 任务引入

电阻点焊是目前汽车制造厂采用的最重要的焊接工艺。电阻点焊应用在组装线上，完成承载式车辆上的许多原厂焊接工作。钢质承载式车身结构件中 90% ~95% 的原厂焊接采用的是电阻点焊，所以在修理车身时，原厂用电阻点焊的地方，应尽量采用电阻点焊。

一、电阻点焊原理和特性

（一）原理

电阻点焊是属于压力焊中的电阻焊接类，其原理是对被电极加压的叠加钢板进行焊接。以大电流通过叠加的金属板，利用金属本身的电阻产生热量，待局部成半熔融状态加压、冷却后即接合成一体。点焊有加压、通电、保持三道程序，如图 5 – 1 所示。

〔加压〕

加压↓ 电极

母材

加压↑ 电极

〔通电〕

由于过大的电阻而产生
足够的热量

加压↓

加压↑ 电源

金属因此处热量而熔化

加压↓

电源

加压↑

〔保持〕

加压↓ 焊点

加压↑

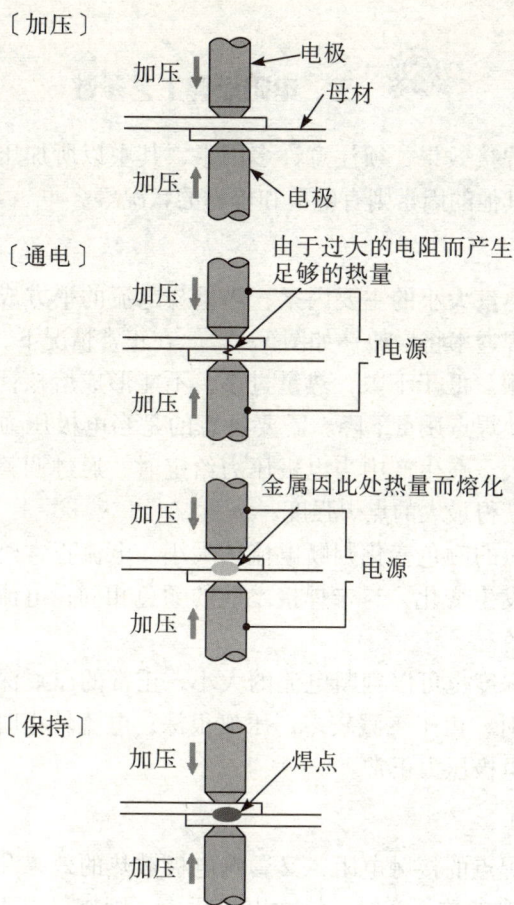

图 5 - 1　电阻点焊的焊接过程

加压：母材置于两电极间，在通电前先加压，使大电流能集中由某一小区域通过。

通电：在电极上通以大电流，当电流流经两片母材时，接合部位产生焦耳热，使该部位的温度急剧上升；再继续通以电流，使母材的接合部位熔化，同时由于电极所加的压力而接合成一体。

保持：当停止通电时，母材的接合部位将逐渐地冷却，然后形成焊点。

（二）特性

电阻点焊有下列特性：

• 焊接成本低。焊接时无需焊剂或气体保护，也不需使用焊丝、焊条等填充金属，便可获得质量较好的焊接接头。

• 由于热量集中，加热时间短，故热影响区域小，变形和压力也小。通常焊后不必考虑矫正或热处理工序。

• 操作简单，操作者不需要很熟练的经验。

• 因为需要大电流，电缆直径较大，所以点焊机的重量较重。

• 因为是在母材的重叠面结合，所以很难以外观判断接合状况的好坏。

二、电阻点焊工艺参数

为了得到良好的焊接效果，须注意许多因素，其中以所加压力、焊接电流、通电时间的影响最大，而其他的因素则有电极和母材的状况等。

（一）焊接电流

焊接电流是影响热量大小的主要因素，热量与电流的平方成正比。随着焊接电流增大，熔核的尺寸或焊透率将增加（如图5-2）。在正常情况下，焊接区的电流密度应有一个合理的上、下限。低于下限，热量过小，不能形成熔核；高于上限，加热速度过快，会发生飞溅，使焊点质量下降。需要注意的是当电极压力增大时，产生飞溅的焊接电流上限值也增大。在生产中当电极压力给定时，通过调整焊接电流，使其稍低于飞溅电流值，便可获得最大的点焊强度。

可以观察焊点部位的颜色变化判断电流的大小。电流正常时，焊点中间电极触头接触部分的颜色不会发生变化，与未焊接之前的颜色相同；电流过大时，焊点中间电极触头接触部分呈蓝色。

通过焊点的压痕深度也可以判断电流的大小，正常的压痕深度不能超过板件厚度的一半。当电流较大时，由于飞溅较多，压痕很深；电流较小时，熔化的金属较少压痕较浅。前提条件是电极压力正常。

（二）电极压力

电极压力既影响焊点的接触电阻，又影响电极散热的效果和焊接区塑性变形及核心的致密程度。当其他参数不变时，增大电极压力，则接触电阻减小，散热加强，因而总热量减少，熔核尺寸减小，特别是焊透率降低很快，甚至没焊透；若电极压力过小，则板间接触不良，其接触电阻虽大却不稳定，甚至出现飞溅和烧穿等缺陷（如图5-3）。

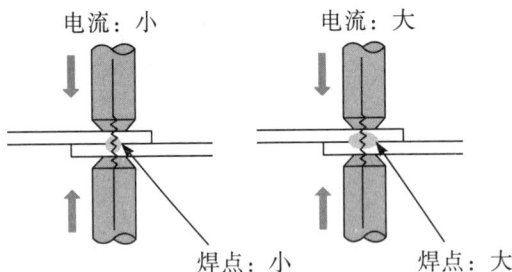

图5-2　焊接电流对焊点的影响　　图5-3　电极压力影响熔核的大小

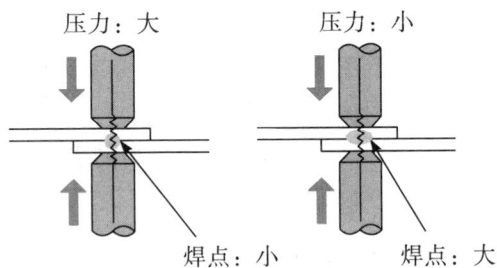

电极压力取决于被焊材料的种类、厚度和焊接规范。若被焊材料的高温强度大，则必须加大电极压力；若材料的厚度增大，则必须加大电极压力；若选择的材料太硬，塑性变形困难，同时为防止飞溅，也必须加大电极压力。

在一般情况下，若焊机容量足够大，就可以在采取增大电极压力的同时，相应地增大焊接电流，以提高焊接质量的稳定。

（三）焊接时间和加压时间

焊接时间是指焊件通电时间，它既影响热量的产生又影响散热。在规定焊接时间内，焊接区产生的热量除部分散失外，将逐渐积累用于加热焊接区，使熔核逐渐扩大到所需的尺寸。所以焊接时间对熔核尺寸的影响也与焊接电流的影响基本相似。焊接时间增加，熔核尺寸随之扩大，但过长的焊接时间就会引起焊接区过热、飞溅和搭边压溃等。通常是按焊件材料的物理性能、厚度、装配精度、焊机容量、焊前表面状态及对焊接质量的要求等确定通电时间长短。

加压时间是指从焊件通电之前开始加压直至焊点处的金属冷却形成焊核所需的时间。这个时间必须保证焊点位置形成一个圆形、呈扁平状的焊核。

（四）电极工作面的形状和尺寸及状况

电极端面和电极本体的结构形状、尺寸及其冷却条件影响着熔核几何尺寸与焊点强度。对于常用的圆锥形电极，其电极越大，电极头的圆锥角 α 越大，则散热越好。但 α 角过大，其端面不断受热磨损后，电极工作面直径 D 迅速增大；若 α 过小，则散热条件差，电极表面温度高，容易变形磨损。为了提高点焊质量的稳定性，要求焊接过程电极工作面直径 D 的变化尽可能小。为此，α 角一般在 90°～150° 范围内选取。可用图 5-4 的方法确定电极工作面直径 $D = 2T + 3\text{mm}$。

在点焊实施期间，电极的表面会产生烧损和脏污的现象；若过度脏污，则电极和母材之间的电阻将会变大，无法供给熔化母材所需要的电流。

若是电极在此种状态下继续使用，电极不但会因过热而使电阻增大，而且会使电极提早磨损，而无法得到良好的焊接强度。

为了避免此情况，实施点焊作业时，要时常注意电极的状况，若有磨损时，必须使用电极头刮刀（修整电极头的工具）将电极头修整至适当的尺寸。

另外，为了冷却电极，必须在焊接数点后，用压缩空气或湿布使电极冷却。

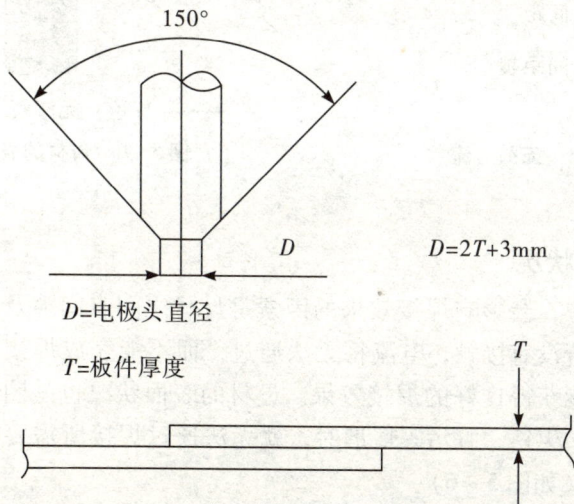

150°

D = 电极头直径

T = 板件厚度

$D = 2T + 3\text{mm}$

D = 电极头直径

T = 板件厚度

图 5-4 确定电极工作面直径

（五）各工艺参数间的相互关系

实际上点焊过程的各工艺参数间并非孤立变化，变动其中一个多数会引起另一个参数的改变，参数彼此相互制约。改变焊接电流 I、焊接时间 T、电极压力 F、电极工作面直径 D，都会影响焊接区的发热量，其中 F 和 D 直接影响散热，而 T 和 F 与焊点塑性区大小有密切关系。增加 I 和 T，降低 F，使吸热增多，可以增大熔核尺寸，这时若散热不良（如 D 小）就可能发生飞溅、过热等现象；反之，则融核尺寸小、出现未焊透。

（六）点焊的位置

虽然每个焊点的强度受到三个要素（压力、焊接电流、通电时间）的影响，但是整个焊接强度则是受到点焊间距（两焊点之间的距离）和边距（焊点至母材边缘的距离）的影响。

点焊的间距愈小，其焊接强度愈强。若间距小于某个限度时，焊接强度将不会增加，这是因为有部分电流流向前一个焊点，此电流称为"分散电流"（如图 5-5）。该分散电流阻碍了焊接区域温度的升高。因此焊点的间距必须大于某个距离，以防止分散电流的发生。

另外，若边距太小，则焊接部位所熔化的熔浆会流到母材外面造成母材穿孔，或使焊接部位变薄而得不到应有的强度。点焊的位置要求参见表 5-1。

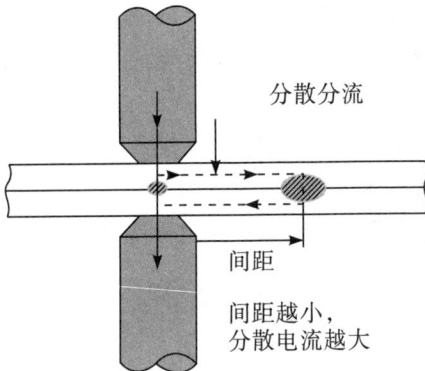

图 5-5 无效分流

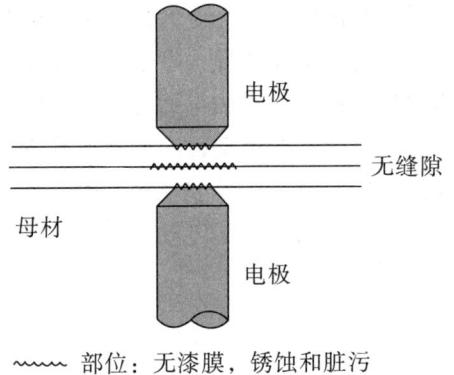

图 5-6 母材的表面状况

（七）母材的状况

在母材的状况中，会影响焊接效果的因素是母材之间有间隙及其表面状态。通常加压时，母材之间若没有接触，电流将无法通过，而不能完成焊接；若母材之间的接触面积过小，也不能获得良好的焊接效果。母材的表面状况也是同理，若是电极的接触区域面上有漆膜、生锈、脏污等情形时，就无法通过焊接所需要的电流，因而得不到良好的焊接效果（如图 5-6）。

表 5 - 1 点焊位置

板厚 mm	间距 S mm	边距 P mm
0.6	11	5
0.8	14	5
1.0	18	6
1.2	22	7
1.6	29	8

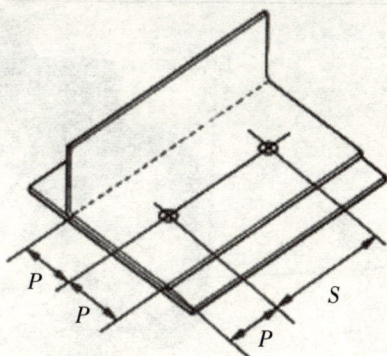

三、电阻点焊设备

电阻点焊机由变压器、控制器、可更换电极臂和可更换电极组成（如图 5 - 7、5 - 8）。

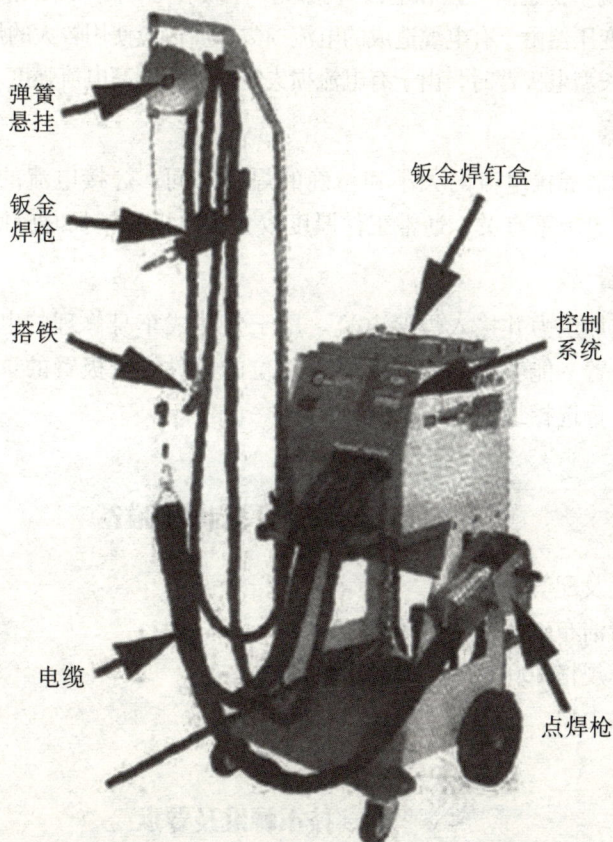

图 5 - 7 电阻点焊机的组成

弹簧悬挂
钣金焊枪
搭铁
电缆
钣金焊钉盒
控制系统
点焊枪

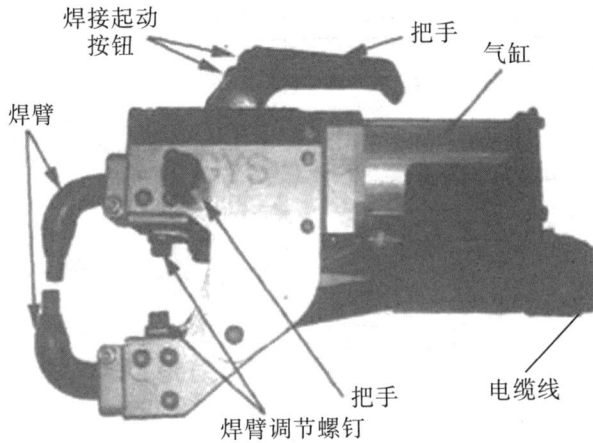

图 5-8 点焊枪

（一）变压器

变压器将低电流高电压（220V 或 380V）转变为安全的高电流低电压（2～5V），避免了操作者触电的危险。变压器可以和电极臂做成一体或者远距离安装通过电缆与电极臂相连，远距离安装的变压器由于有电缆造成的电流损失，所以应使用较大的焊接电流以补偿这种损失。当使用加长型电极臂时，由于有电流损失也应相应调高电流强度。

（二）控制器

控制器用来调节焊接电流的大小和精确的焊接时间。焊接电流的大小与工件的厚度、电极臂的长短等因素有关，通常工件厚度较大、电极臂较长时应使用较大的电流。

（三）电极臂

用来对工件施加压力并接入焊接电流。用于整体式车身修理的电阻点焊机带有全范围的可更换电极臂，能够焊接车身上各个部位的板件。电极臂的选用应根据焊接部位确定，原则是尽量选择最短的电极臂。

四、设备、工具和材料准备

- 电阻点焊机及配套设备。
- 除油剂、清洁布、焊接用防绣底漆。
- 试验样板，规格 200×50×1mm 冷轧钢板。
- 打磨机、大力钳、钳工台、錾子（凿子）、钣金锤等。

五、技术标准及要求

焊点质量的检验可采用外观检验（目测）或破坏性试验。破坏性试验用于检验焊接的强度，而外观检验则是通过外观判断焊接质量。

（一）外观检验

用肉眼看和手摸来检验焊接处的表面，有下列项目需要检验。

1. 焊接位置。焊点的位置应在板件边缘的中心，不可超过边缘，还要避免在原有的焊接过的焊点位置进行焊接。

2. 焊点的数量。焊点的数量应大于汽车制造厂焊点数量的 1.3 倍。例如，原来在制造厂点焊的焊点数量为 4，4 的 1.3 倍大约为 5 个新的修理焊点。

3. 焊点间距。修理时的焊接间距应略小于汽车制造厂的焊接间距，焊点应均匀分布。间距的最小值，以不产生分流电流为原则。

4. 压痕（电极头压痕）。焊接表面的压痕深度不能超过金属板厚度的一半，电极头不能焊偏产生电极头孔。

5. 气孔。不能有肉眼可以看见的气孔。

6. 溅出物。用纱手套在焊接表面擦过时，不应被绊住。

（二）破坏性检验

1. 扭曲试验。取一块和需要焊接的金属板同样材料、同样厚度的试验工件，按图 5-9 所示的位置进行焊接。然后，按图中箭头所指的方向施加扭转力，使焊点处分开。扭曲后在其中一片焊片上留下一个与焊点直径相同的孔，如果孔过小或根本就没有孔（如图 5-10），说明焊点的焊接强度太低，需要重新调整焊接参数。

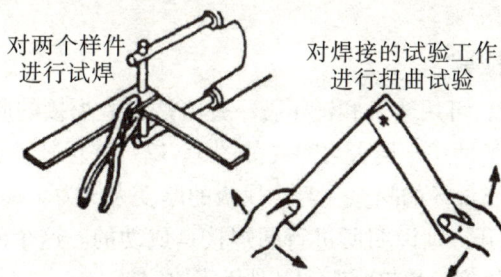

对两个样件进行试焊 对焊接的试验工作进行扭曲试验

图 5-9 样板扭曲试验

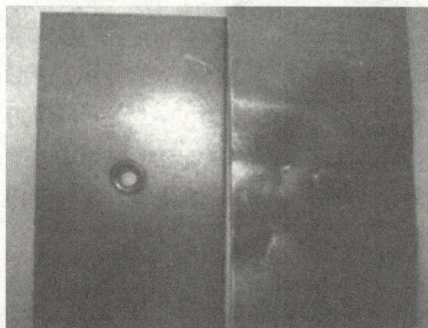

图 5-10 扭曲试验结果

2. 撕裂试验。将焊接好的板件固定在钳工台上，用钢丝钳将其中一块板强行撕下，撕裂后在其中一个焊片上留有一个大于焊点直径的孔（如图5-11）。如果留下的孔过小或根本没有孔，说明焊点的焊接太低，需要重新调整焊接参数。

图5-11　撕裂试验结果

破坏性试验只能在样板上进行，在车身上不能做，因此试验的结果只能作为调整焊接参数的参考依据。

（三）非破坏性检验

在一次点焊完成后，可用錾子和锤子按下述方法检验焊接的质量。

●将凿子插入焊接的两层金属板之间（如图5-12）并轻敲錾子的端部，直到在两层金属板之间形成2 mm～3 mm的间隙（当金属板的厚度大约为1 mm时）。如果这时焊点部位仍保持正常没有分开，则说明所进行的焊接是成功的。这个间隙值由点焊的位置、凸缘的长度、金属板的厚度、焊接间距和其他因素决定。

●如果两层金属板的厚度不同，操作时两层金属板之间的间隙限制在1.5 mm～2 mm范围内。如果进一步凿开金属板，将会变成破坏性试验。

●检验完毕后，一定要将金属板上的变形处修好。

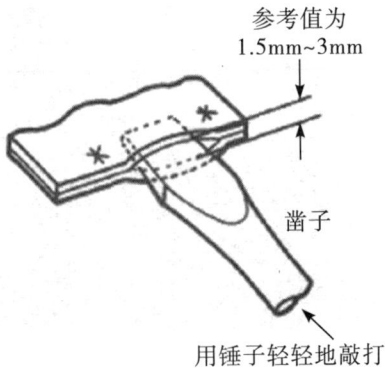

图5-12　非破坏性检验

六、操作步骤

（一）安全防护

防护要求见表5-2。

表5-2 安全防护

作业	焊接准备、防锈处理	
防护用品	工作帽 护目镜 口罩 工作服 皮手套 防溶剂手套 安全鞋	
作业	电阻点焊从预设焊机至焊接作业	
防护用品	工作帽 护目镜 工作服 皮手套 安全鞋	

（二）磨除旧漆膜

把焊接区域的旧漆膜打磨掉，以使电流能够顺利通过钢板，如图 5 – 13。

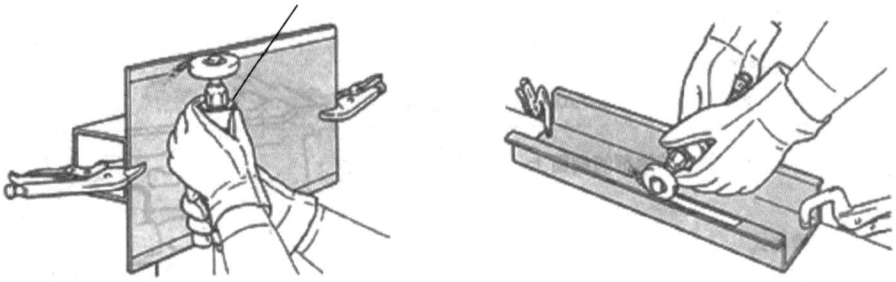

气动滚轮式研磨机

图 5 – 13　磨除旧漆膜

（三）涂抹点焊专用漆

因焊接部位接触面在焊接完成后不易喷涂漆层，所以必须实施防锈处理。

- 吹除研磨后的粉尘，如图 5 – 14。
- 以擦拭纸沾湿除油剂，如图 5 – 15。
- 用擦拭纸擦除钢板面的油污。
- 在脱脂剂挥发前，使用干抹布擦拭钢板的油污。

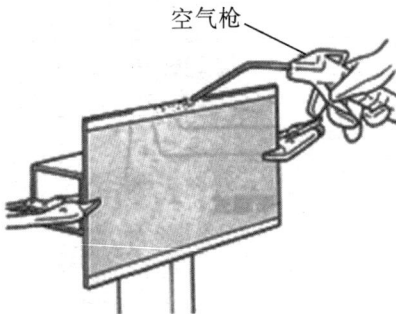

空气枪

图 5 – 14　吹除研磨布的粉尘

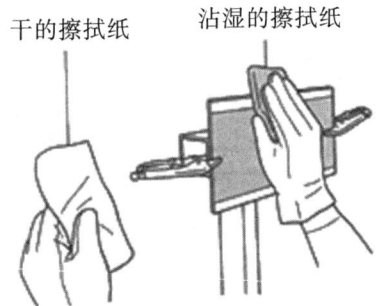

干的擦拭纸　　沾湿的擦拭纸

图 5 – 15　除油

- 在钢板焊接面涂抹点焊专用漆，如图 5 – 16。

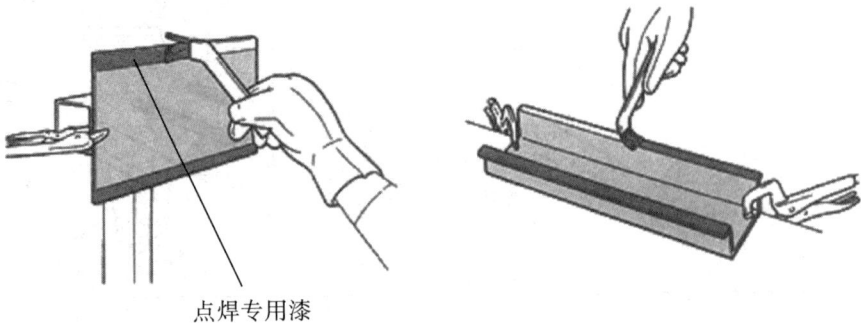

点焊专用漆

图 5 – 16　涂抹点焊专用漆

● 钢板定位。将两片钢板定位好之后用大力夹钳固定，如图 5 – 17。在车身维修中，钢板定位必须根据车辆上的钢板相互之间的尺寸，然后再检查钢板安装时的相互位置。

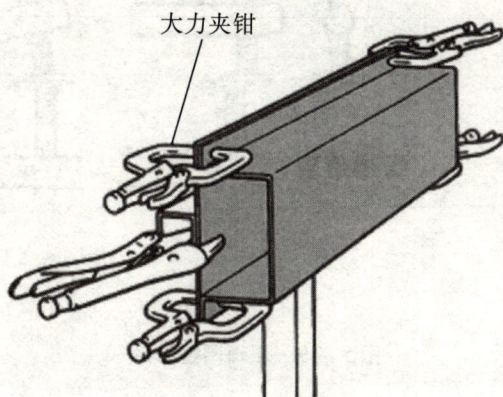

图 5 – 17　钢板定位

（四）设定焊接设备

1. 选择焊接夹臂

正确地选择焊接臂的长度和型式，以使电极能正确地压紧钢板，如图 5 – 18。

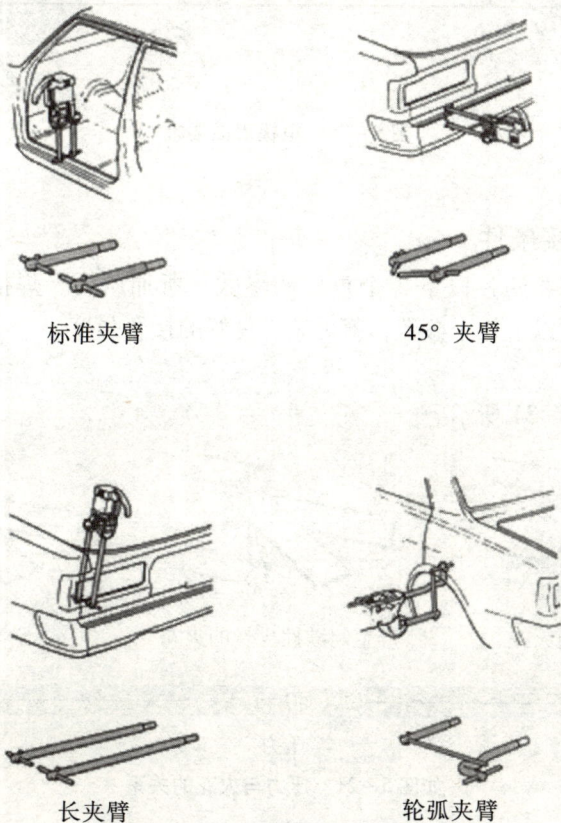

标准夹臂　　　　　　　　　　　45° 夹臂

长夹臂　　　　　　　　　　　轮弧夹臂

图 5 – 18　正确地选择焊接臂

2. 调整电极

当压紧钢板时，两个电极必须在同一直线上，如图 5 - 19。

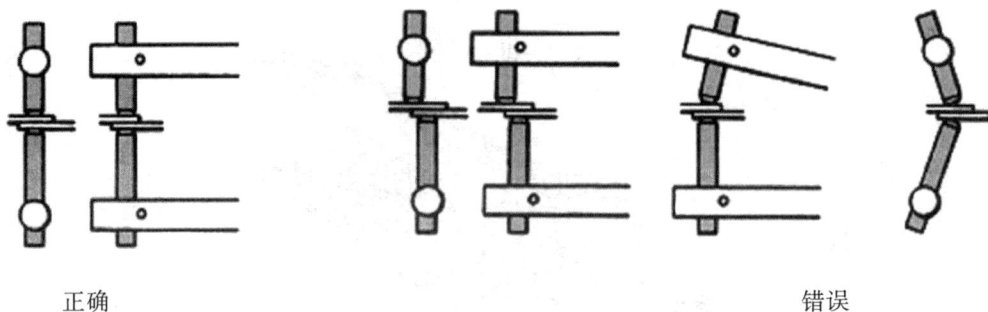

正确　　　　　　　　　　　　　　　　　　　　　　　　　错误

图 5 - 19　正确调整电极

电极必须保持平顺和清洁，以获得适当的焊接强度，如图 5 - 20。

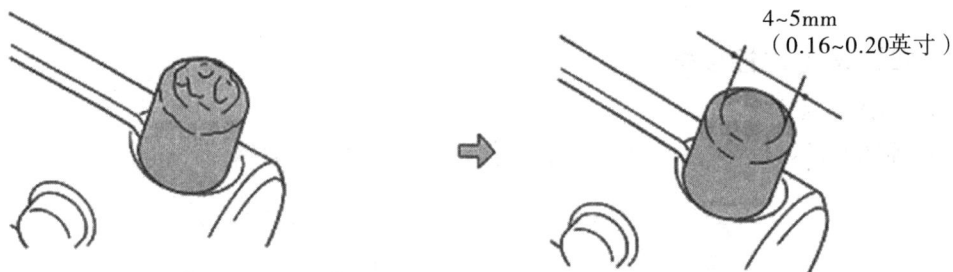

4~5mm
（0.16~0.20英寸）

图 5 - 20　电极表面要求

（五）设定焊接条件

点焊机基本上需要调整以下 3 个重要的参数：所加压力、焊接电流、通电时间。所以只要正确地调整以上 3 个参数，就可获得良好的接合强度。

1. 所加压力

所加压力如图 5 - 21 所示。

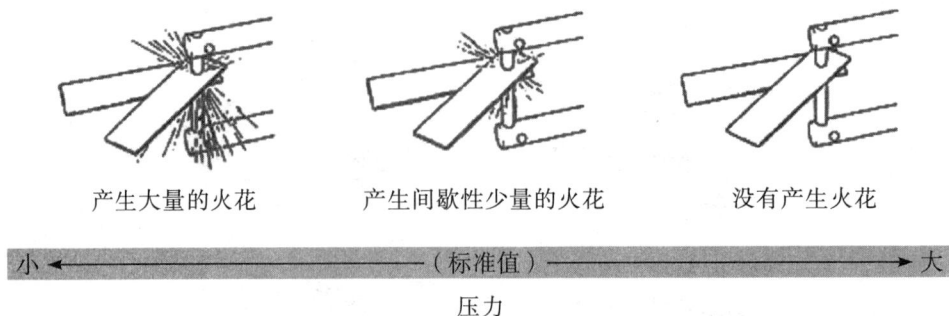

产生大量的火花　　　　产生间歇性少量的火花　　　　没有产生火花

小 ◄──────────── （标准值）────────────► 大

压力

如图 5 - 21　压力与火花的关系

2. 焊接电流和通电时间

查阅点焊机操作手册，根据钢板的厚度和材料来调整焊接电流和通电时间，如图5－22。

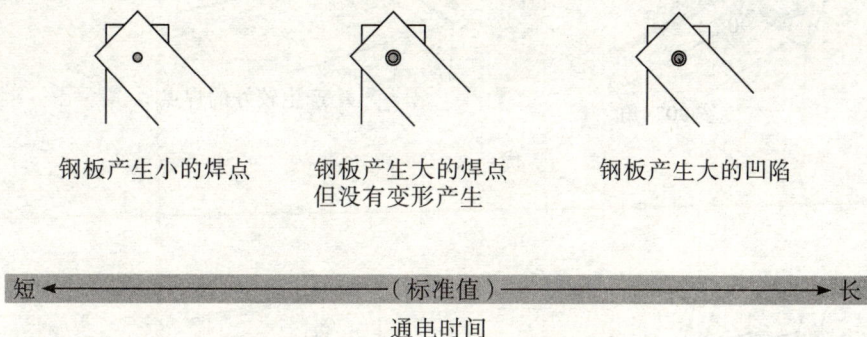

钢板产生小的焊点　　　钢板产生大的焊点　　　钢板产生大的凹陷
　　　　　　　　　　　但没有变形产生

短 ◄—————————（标准值）—————————► 长

通电时间

图5－22　通电时间与焊点的关系

3. 检查焊接条件

（1）以相同材质、厚度的试板进行试焊，如图5－23。

（2）扭转试板以破坏焊接的焊点，如图5－24、5－25。

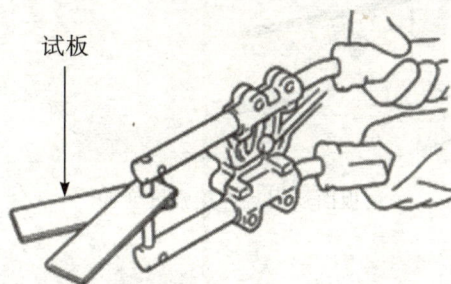

试板

图5－23　试焊

图5－24　扭转破坏试验

优

焊点附着至另一片钢板上

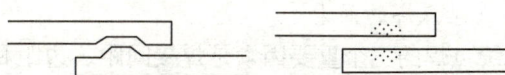

劣

焊点容易被分为两个

图5－25　试验结果要求

（六）焊接

1. 角度

电极与钢板表面必须保持约90°，如图5－26。

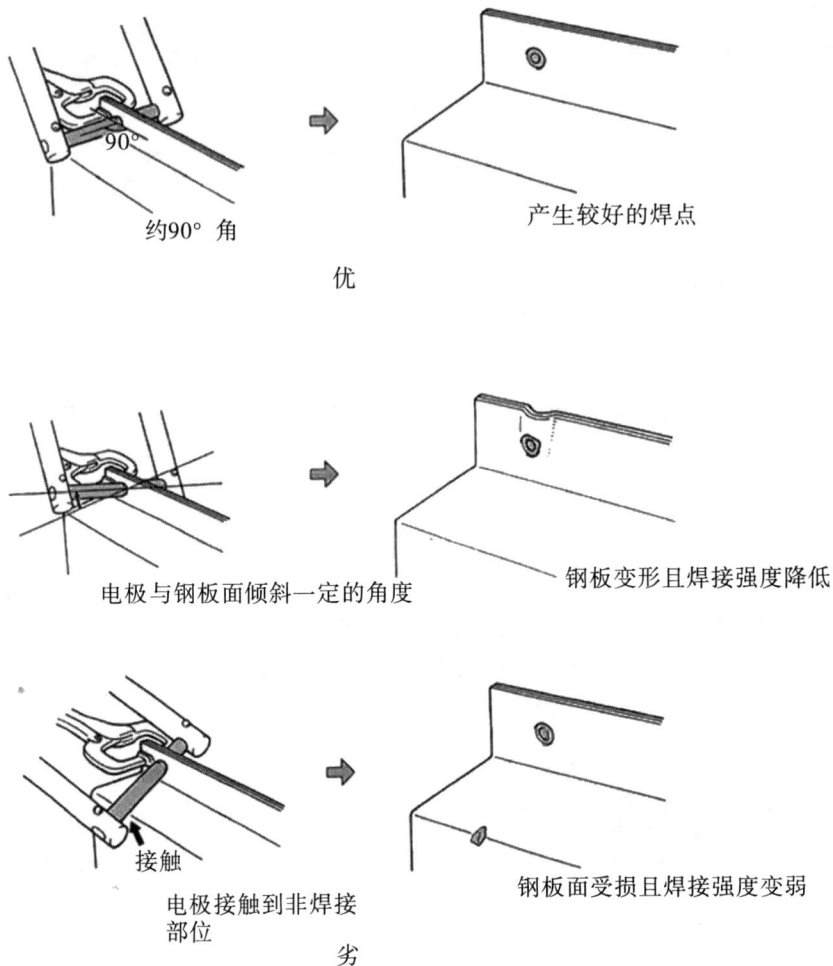

约90° 角

产生较好的焊点

优

电极与钢板面倾斜一定的角度

钢板变形且焊接强度降低

接触

电极接触到非焊接
部位

钢板面受损且焊接强度变弱

劣

图 5 - 26　焊接角度要求

2. 连续点焊的因素

连续点焊的三个重要因素是焊接间距、边距和电极冷却。

（1）焊接间距。保持适当的焊接间距（见表 5 - 1）。

（2）边距。保持适当的边距，（见表 5 - 1），如图 5 - 27。

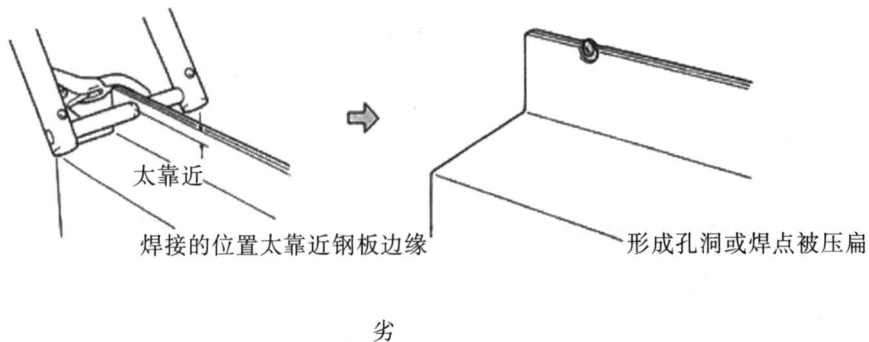

太靠近

焊接的位置太靠近钢板边缘

形成孔洞或焊点被压扁

劣

图 5 - 27　边距不当产生的影响

（3）电极冷却。点焊是利用钢板间的电阻热将两片钢板接合在一起。连续焊接数个焊点后，热量将传导并堆积于电极与焊接臂上，当电极与焊接夹臂的温度升高时，焊接电流将变小或导致电极提早磨损，因此难以获得良好的焊点。每隔一段时间使用压缩空气或水冷却电极，如图5-28。

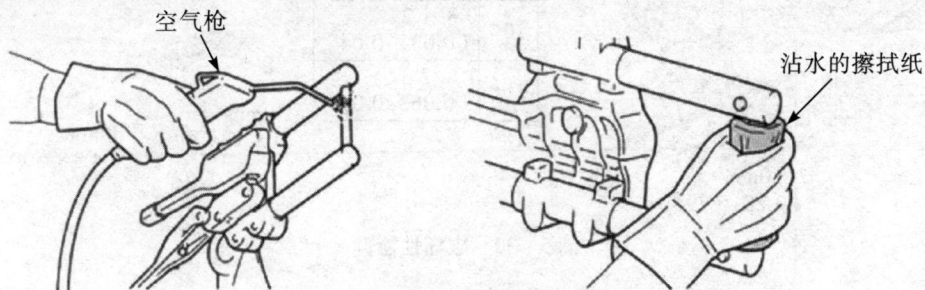

空气枪

沾水的擦拭纸

图5-28 冷却电极

（七）焊接质量检查

1. 焊点外观检查

如图5-29，观察焊点的外观，评估焊接的完整性。

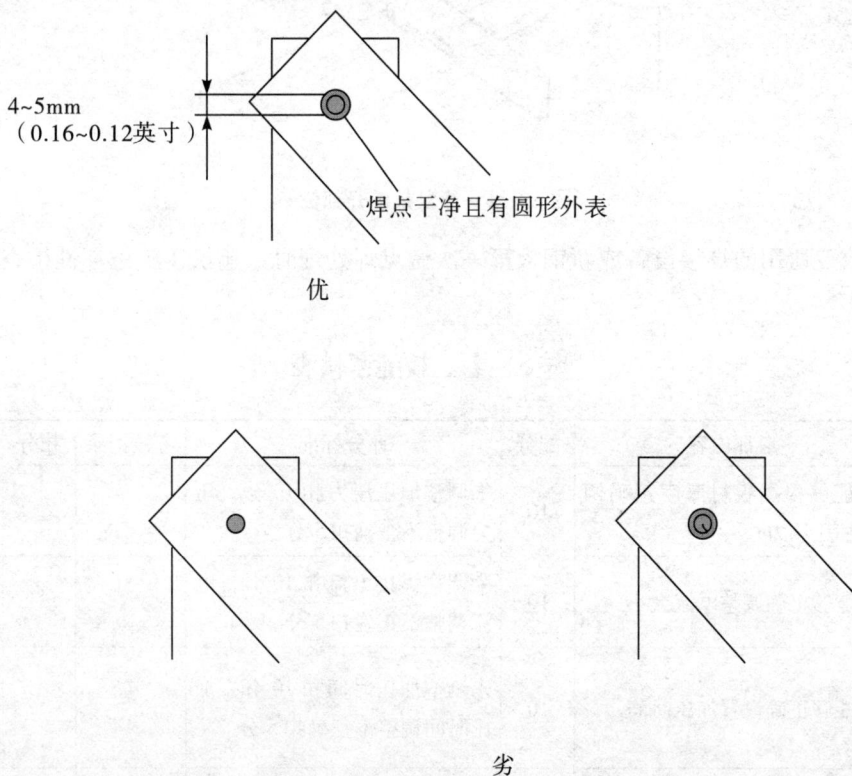

4~5mm
（0.16~0.12英寸）

焊点干净且有圆形外表

优

劣

图5-29 焊点外观要求

2. 破坏性检查

（1）用撬棒插入如图 5 - 30 所示部位，如果焊点未分离则表示焊接良好。

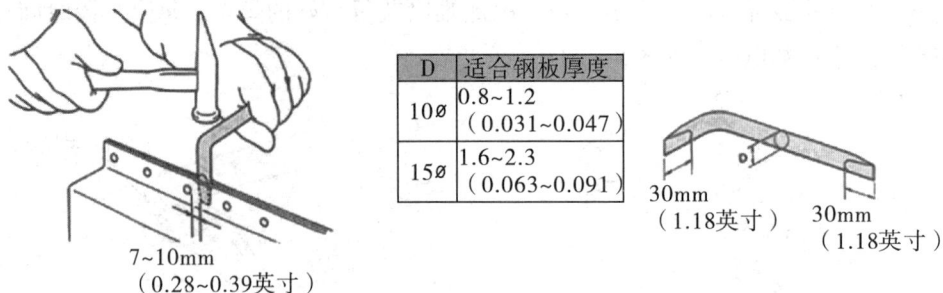

D	适合钢板厚度
10∅	0.8~1.2 （0.031~0.047）
15∅	1.6~2.3 （0.063~0.091）

7~10mm
（0.28~0.39英寸）

30mm
（1.18英寸）

30mm
（1.18英寸）

图 5 - 30　破坏性检查

（2）修复被撬开部位，如图 5 - 31。

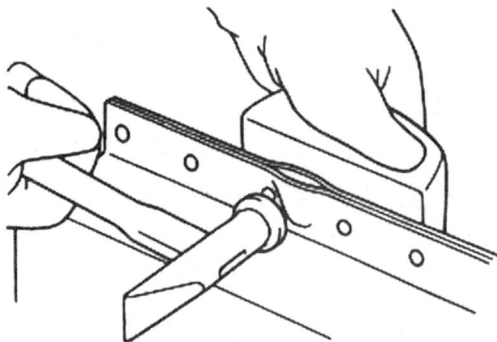

图 5 - 31　修复被撬开部位

当改变所用的焊接设备或新钢板第一次做点焊处理时，建议实施破坏性检查。

七、技能考核表

序号	考评内容	配分	评分标准	考核记录	扣分	得分
1	能够根据板材厚度正确调整加压压力	10	未调整加压压力扣10分，压力调整不正确扣5分			
2	能够正确调整电流大小	10	未调整焊接电流扣10分，电流调整不正确扣5分			
3	能够正确设置加压时间	10	未调整加压时间扣10分，加压时间调整不正确扣5分			
4	多点连续焊接时焊点各间距合理，焊接顺序正确	20	出现一个间距过小或过大扣5分，焊接顺序错误扣5分			

序号	考评内容	配分	评分标准	考核记录	扣分	得分
5	多点连续点焊焊接质量的检查合格	20	质量检验过程中每出现 1 处焊点断裂扣 5 分			
6	单点焊接的质量检查合格	20	检验不合格扣 20 分			
7	安全防护	5	工作服、工作鞋、工作帽、护目镜、耳塞、面罩、皮手套			
8	5S 及其他	5	全程 5S 保持、作业结束清洁工具、错误的工具使用方法、操作失误			
	教师签字			年　　月　　日		

课后练习题

1. 名词术语

电阻点焊、焊接时间、加压时间、分流现象

2. 选择题

（1）当更换车身板件时，推荐的点焊焊接点数是多少？（　　）

A. 与原来板件上焊接点数一样　　　　　　B. 是原来板件上焊接点数的 1.3 倍

C. 是原来板件上焊接点数的 2 倍　　　　　D. 是原来板件上焊接点数的 2.5 倍

（2）下列哪一个不是点焊的三个条件？（　　）

A. 焊接头冷却周期　　　　　　　　　　　B. 施加电流时间

C. 焊接头压力　　　　　　　　　　　　　D. 焊接头处电流

（3）对 1mm 的钢板进行点焊时，以下哪一个焊点间距是比较合适的？（　　）

A. 3mm　　　　　　B. 10mm　　　　　　C. 18mm　　　　　　D. 30mm

（4）对 0.8mm 的钢板进行点焊时，最适合的电极直径是多少？（　　）

A. 3mm　　　　　　B. 5mm　　　　　　C. 8mm　　　　　　D. 30mm

（5）下面哪种焊接方法在整体式车身中应用最多？（　　）

A. MIG 焊接　　　　B. 铜焊　　　　　　C. 氢弧焊　　　　　　D. 点焊

3. 思考题

（1）电阻点焊的原理是什么？特点有哪些？

（2）电阻点焊的工艺参数及对焊接质量的影响？

（3）电阻点焊设备的组成及作用？

（4）电阻点焊设备焊接时要调整哪些部位？

（5）电阻点焊焊接时有哪些因素会影响焊接质量？

（6）怎样来检验电阻点焊的焊接质量？

任务六

汽车车架梁组件的焊接

学习目标

1. 熟悉车架式车身的特点。
2. 熟悉车架梁组件焊接方法。
3. 能够完成车架梁组件的焊接作业。

任务引入

车架有很长的应用历史，在开发出整体式车身结构之前，所有的机动车都是采用有车架的车身，现在虽然整体式车身非常普遍，但部分车型仍然采用车架式车身结构。车架以焊接的方式连接，车架损坏后，部分梁件更换时，仍需采用适当的焊接技术将其连接。车架的钢板偏厚，所以车身维修作业中需要学习厚钢板的焊接技术。

一、车架式车身的应用

车架式车身的结构如图 6 - 1 所示，装有单独的车架，此时车身是通过多个橡胶垫安装在车架上，当汽车在崎岖不平的路面上行驶时，车架产生的变形由橡胶垫的挠性所吸收，载荷主要由车架来承担。因此，这种车身应是不承载的。但实际上，由于车架并非绝对刚性，所以车身仍在一定程度上承受着由车架弯曲和扭转变形所引起的载荷。所以车架式车身也称为非承载车身。目前载货汽车、大型越野车等均采用有车架的非承载式车身结构。

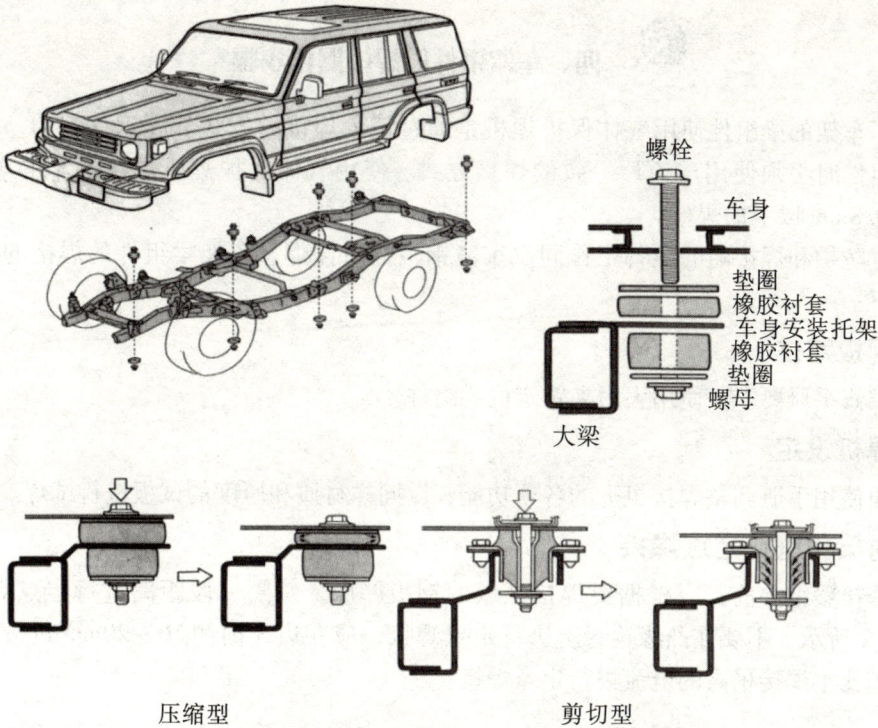

螺栓
车身
垫圈
橡胶衬套
车身安装托架
橡胶衬套
垫圈
螺母
大梁

压缩型　　　　　　　　　剪切型

图 6-1　典型的车架式车身及车身和车架的连接方式

二、设备、工具和材料准备

- 气体保护焊机、80% Ar + 20% CO_2 保护气体、0.8mm 以上的的钢焊丝。
- 工作帽、焊接防护面罩、焊接口罩、工作服、皮围裙、焊接皮手套、皮手套、皮护腿、安全鞋等。
- 车架梁组件或焊接钢板若干（规格 2~4mm 冷轧钢板）。
- 打磨机、大力钳、克丝钳、台虎钳及工作台、螺丝刀等。
- 清洁布、除油剂、防绣底漆。

三、技术标准及要求

焊缝外观要求：焊缝形状规则、排列平直、背面熔深连续、无过多焊渣、无穿孔、工件无扭曲变形、焊缝宽度 6~10mm、高度 2~3mm、熔深 1~3mm。

破坏性试验要求：焊接完毕后进行破坏试验，将下层金属板材夹持在台钳上，反复弯折上层金属板材，直至两层板材被分离。破坏结果应为上层金属板材沿焊疤轮廓折断，下层金属板材无脱焊，否则说明焊接不符合要求。

四、车架梁件的焊接操作步骤

原厂车架的梁组件使用气体保护焊机是通过填角焊接的方式装配到一起的，所以更换梁组件时必须使用与原厂一致的焊接方式。使用气体保护焊机焊接汽车的车架，需使用 0.8mm 以上的焊丝。

安全防护和焊接前的准备工作同汽车薄钢板的对接焊。车架梁组件的焊接的具体步骤如下：

1. 钢板定位

按维修手册要求，使用大力夹钳定位梁组件。

2. 焊机设定

依照使用手册调整焊接机上的各项功能，以同样材质和厚度的试板进行试焊。

3. 对梁件进行定点焊接

在焊接梁组件前，应根据要焊接区域的钢板厚度，每隔一段距离进行定点焊接，如图 6-2 所示。不要在凸缘边缘上进行定点焊接，应在边缘内侧 10～20mm 进行定点焊，使用比主焊接稍高的电流进行定点焊接。

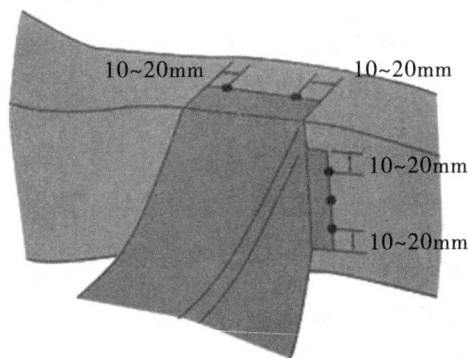

图 6-2　定点焊接

4. 设置焊枪

要提高保护气体的效果，焊枪必须提前且相对车架向后倾斜 10～15 度角。随后完全焊接两个梁件，焊枪必须相对大梁的搭接边缘倾斜 30～50 度角，并采用前进法，如图 6-3 所示。

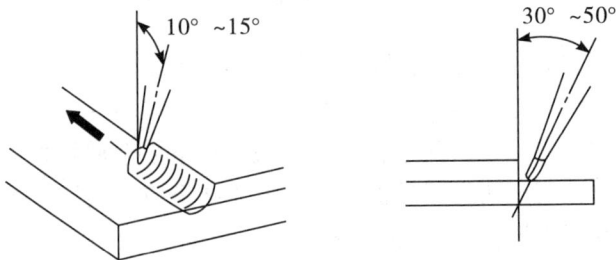

图 6-3　焊枪的要求

5. 开始焊接

具体焊接时，以波形走行焊道，如图6-4所示。为防止焊道中心过热，提高两端的渗透度，焊枪在焊道中心应移动相对较快，而在两端则应移动相对较慢。为防止大梁过热变形，焊接区域必须在每次焊接到30~40mm后进行更换。

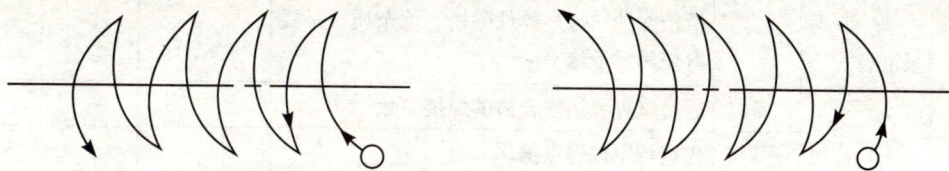

图6-4　波形法

6. 防锈处理

使用钢丝刷清除焊珠表面的氧化层，不要研磨焊珠或焊珠周边。钢板外露的区域及周边区域必须除油，涂上防锈底漆，然后再涂一层黑漆，如图6-5所示。完成表面操作后，在梁组件焊缝的内侧施涂一层防锈蜡，如图6-6所示。

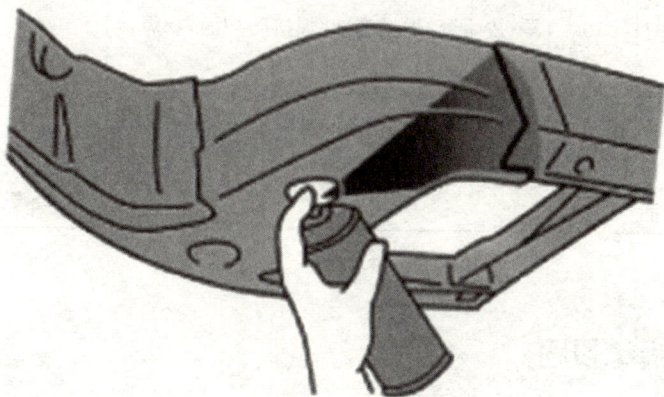

图6-5　焊缝表面及周围区域施涂防锈底漆和黑漆

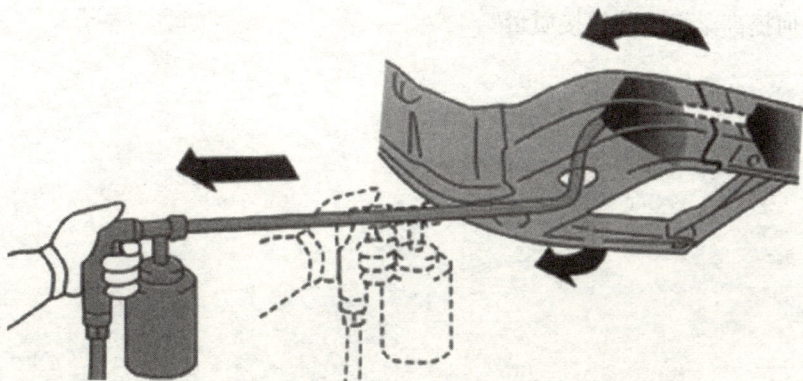

图6-6　焊缝内侧及周围区域施涂防锈蜡

六、任务技能考核表

序号	考核内容	配分	评分标准	考核记录	扣分	得分
1	焊件钢板准备	10	清洁除油、打磨焊件除锈、除杂质，必要时使用锤子修平			
2	搭接焊操作步骤	5	通过试焊，调整合适的焊接参数			
		5	先进行定位焊点操作			
		5	定位焊点的位置：以 10～20mm 为间距			
		5	采用分段焊接分段冷却的方式			
	质量评估	50	焊珠形状规则、焊珠排列平直、熔深连续、焊缝宽度 6～10mm、高度 2～3mm、熔深 1～3mm、无过多焊渣、无熔穿、无气孔，工件无扭曲变形			
3	安全防护	10	工作服/工作鞋/工作帽/护目镜/耳塞/面罩/皮手套/焊接套装/焊接防护面罩/焊接口罩			
4	5S 及其他	10	全程 5S 保持/作业结束清洁工具/错误的工具使用方法/操作失误			
教师签字				年　　月　　日		

课后练习题

1. 查阅相关资料，请列举几款采用车架式车身的车型？并思考它为什么要用车架式车身？

2. 请简述车架梁组件的焊接步骤？

3. 如何提高梁组件的焊接质量？

任务七

汽车铝合金板的焊接

学习目标

1. 熟悉汽车用铝板的焊接方法和工艺。
2. 能初步完成铝板的对接焊和搭接焊作业。

任务引入

由于铝合金具有高导热率，由电流和接触电阻产生的热量迅速分散。这意味着点焊不适合用于铝合金板件的焊接，点焊铝合金时，要求有一万安培以上的极大电流，因此必须采用 MIG 焊来焊接铝合金车身板件。

铝合金与钢板点焊的比较见表 7 – 1。

表 7 – 1　铝合金与钢板点焊的比较

材料	厚度/mm（英寸）	电流/A
铝合金	1.2（0.05）	26000
钢板	1.2（0.05）	9300

由于在焊接过程中的退火作用，焊接处的强度损失较大。修复后，车辆自身振动和行驶的颠簸会造成焊接处产生裂纹。所以，铝合金车身修复中一般很少采用焊接的方式（少数生产厂家也允许采用焊接方法），而通常是采用粘接或粘接、铆接共用的方式。但尽管如此，焊接在铝合金车身修复中也并不是可有可无的。在进行结构件更换时，通常需要在结构件之间使用焊接的方法，以增强车辆的整体性和导电性。所以在车身维修作业中，会用到铝合金板的焊接作业，目前常用气体保护焊来完成此作业。

一、MIG 焊接铝合金板的条件和注意事项

- 选择能够满足焊接质量要求（强度、韧性、耐腐蚀性等）的适当铝焊丝。
- 应采用 100% 的氩气，与钢板焊接相比，需要大约多用 50% 的保护气体。
- 焊接参数的基准数据如下表 7 – 2 所示。

表 7 - 2　铝合金板的焊接参数

材料厚度/mm	1.6	2.0	2.5	3.0
焊丝直径/mm	0.8	0.9 ~ 1.0	0.9 ~ 1.2	0.9 ~ 1.2
电流/A	50 ~ 70	60 ~ 110	80 ~ 120	100 ~ 140
电压/V	10 ~ 11	12 ~ 15	13 ~ 16	15 ~ 18
气体流量/L/min	15 ~ 18	15 ~ 18	17 ~ 20	17 ~ 20

●由于与钢板焊接相比，其厚度范围受到相当限制，所以在焊接过程中，必须正确设定并精确调整焊接参数。

●在将焊丝插入送丝机构内时，应使用金刚砂纸清除焊丝端部的毛刺，并用手将焊丝穿过焊枪。注意不要损坏内部的聚四氟乙烯电缆内衬。

●必须对焊丝驱动滚轮上的张紧力进行调节，使其低于使用钢焊丝焊接时的张紧力。

●在导电嘴处紧紧夹住焊丝，并调整张紧力，在焊枪开关接通时，允许驱动滚轮处的的焊丝打滑。如果驱动滚轮张紧力过大，则焊丝可能被卡住；如果张紧力不足，则焊丝速度会不一致。

●送丝速度通常要比钢板焊接时高。

●导电嘴与母材间隙应与钢板焊接时相同（8 ~ 15mm），但焊枪角度必须与工件表面成直角。

●采用左焊法（前进法），相比钢板焊接，将焊枪向焊枪移动的相反方向倾斜，一般焊枪的角度与母材垂直面约呈 5 ~ 15°角，如图 7 - 1 所示。

5至15°

焊接方向

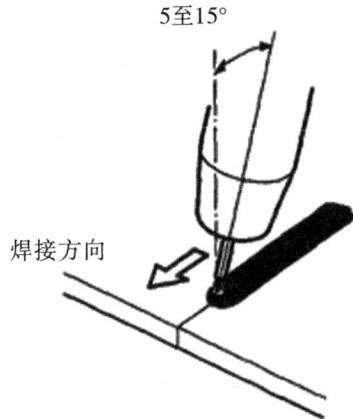

图 7 - 1　铝合金板焊接焊枪角度

●铝合金焊接时的电弧声音应为柔和并且连续的嗡嗡声，与钢板焊接时的声音相似。焊接速度要比钢板焊接快许多。由于铝丝中含有锰，所以沿 MIG 焊道会出现少量的烟灰。

注意：为防止焊接过程中发生眼睛伤害或烧伤，请务必佩戴经认可的头盔、手套和安全靴。MIG 焊溅落的铝合金小块可以达到很远的距离，所以不仅焊工本人需要保护，还必须对周围的人员提供保护措施。

● 飞溅物容易附着在焊枪喷嘴和触尖端部，从而使正常的保护气流受阻，导致焊接缺陷。此时，应卸下焊枪喷嘴，并进行彻底清理，然后涂以粘结抑制剂。

● 焊枪喷嘴和的磨耗速度要比钢板焊接时快。

二、设备、工具和材料准备

● 气体保护焊机、纯 Ar 保护气体、0.8 的铝焊丝。

● 工作帽、焊接防护面罩、焊接口罩、工作服、皮围裙、焊接皮手套、皮手套、皮护腿、安全鞋等。

● 焊接铝合金板若干，规格 1~2mm。

● 打磨机、大力钳，克丝钳，台虎钳及工作台，螺丝刀等。

● 清洁布、除油剂。

● 裂纹检验剂套装。

部分设备和耗材详细情况如表 7-3 所示。

表7-3 部分设备和耗材详细情况

名称		用途及相关说明
铝焊丝	S301　ER1100 纯铝焊丝	成分：Si≤0.20%，Fe≤0.25%，Al≥99.7% 用途：用作纯铝的氩弧焊及填充材料
	S331　ER5356 铝镁焊丝	成分：Mg=4.5~5.5%，Mn=0.05%~0.20%，Cr=0.05%~0.20%，Ti=0.05~02%，Al余量 用途：用于铝镁合金TIG焊，MIG焊及氧-乙炔焊的通用焊接，在铝锌镁合金的焊接及铝镁铸件的补焊上也广泛采用
	S331　ER5183 铝镁焊丝	成分：Mg=4.3~5.2%，Mn=0.5%~1.0%，Cr=0.05%~0.25%，Ti=0.15%；Al余量 用途：用于铝镁合金氩弧焊的填充金属。ER5183是含镁近5%及较高锰含量的铝镁焊丝，具有良好的耐腐蚀、抗热裂性、强度高可锻性好。焊缝阳极化处理后仍为白色，能为焊接接头提供良好的配色，对于某些合金来讲，焊接接头强度略高于ER5356
	S311　ER404 铝硅焊丝	成分：Si=4.5~6.0%，Fe≤0.8%，Al余量 用途：用于除铝镁合金以外的铝合金工件和铸件的氩弧焊及气焊时的填充材料 常用于6061等6000系列铝合金、3000系和2000系铝合金及铸铝的焊接
裂纹检验剂，以"美德孚70-98金属裂缝检测套装"为例		 特制清洁剂（货号70-9801） 对比剂（红色）（货号70-9802） 显影剂（白色）（货号70-9803）	70-98金属裂缝检测套装由以下喷剂组成：特制清洁剂（货号70-9801）、对比剂（红色）（货号70-9802）、显影剂（白色）（货号70-9803），适用于所有金属的表面裂缝检测，典型检测的裂缝宽度为0.5-10微米，深度为20-200微米

三、技术标准及要求

焊缝外观要求：焊缝形状规则、排列平直、背面熔深连续、无过多焊渣、无穿孔、工件无扭曲变形、焊缝宽度5~7mm、高度1~3mm、熔深1~3mm。

破坏性试验要求：焊接完毕后进行破坏试验，将下层金属板材夹持在台钳上，反复弯折上层金属板材，直至两层板材被分离。破坏结果应为上层金属板材沿焊疤轮廓折断，下层金属板材无脱焊，否则说明焊接不符合要求。

四、铝合金板的焊接操作步骤

安全防护和焊接前的准备工作同汽车薄钢板的对接焊。

（一）铝合金板的对接焊焊接步骤

1. 打坡口

对厚度小于3 mm的情况，不需打坡口，不留间隙的接头，如图7-2所示。

对厚度大于3 mm的情况。需使用盘形打磨机或锉刀沿对接线打坡口。用盘形砂带机（P80）或细锉刀修整打磨的表面。有了V形坡口，焊道即容易形成，如图7-3所示。

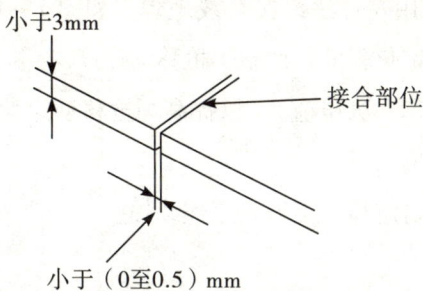

图7-2 厚度小于3mm不需打坡口

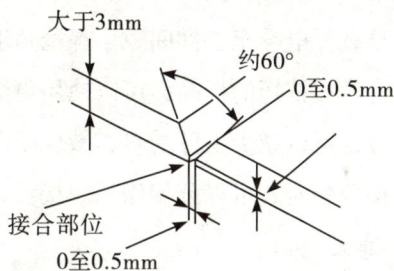

图7-3 厚度大于3mm需打坡口

2. 清除氧化层

用除油剂清除待焊表面上的污物，使用砂带机（P80）打磨清理漆层，使用不锈钢丝刷清除氧化层。清除阴影部位的氧化层，如图7-4、7-5所示。

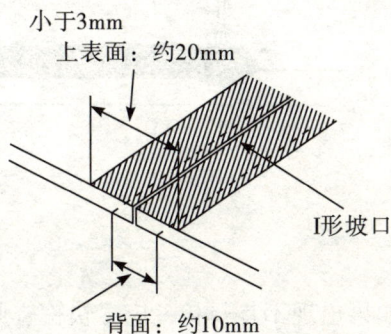

图7-4 厚度小于3mm清除氧化层的要求

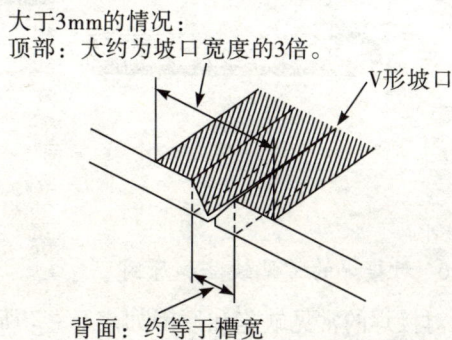

图7-5 厚度大于3mm清除氧化层的要求

3. 定位焊

如图 7-6 所示与钢板焊接相同，为减少扭曲，保证焊接接头的精确度，要求采用定位焊。以若干间隔焊接短焊道，板件越薄，则焊接间距越小。不得在工件的端部或角部施焊。焊接开始前，用不锈钢丝刷清理待焊部位。

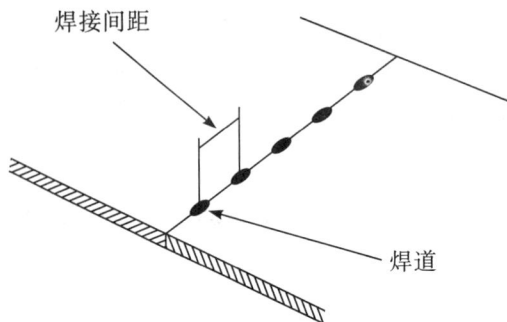

图 7-6　定位焊

4. 正式焊接

握住焊枪，并将其倾斜 $5 \sim 15°$，然后采用左焊法沿接合线施焊，如图 7-1 所示。同时，检查导电嘴至工件间隙、焊枪角度和熔化程度，调整焊枪移动速度。

随着焊接技巧的提高，可以使用更高功率（大电流），以提高焊枪移动速度。这种快速焊接，可以减少工件受热，减少扭曲变形。

焊接薄板时，可以分步增加焊接量，以防熔穿，不得采用连续焊接。

5. 填坑

在焊道端部，焊枪移动应渐渐停止，并充填凹坑，焊道端部不得突然熄弧。如果产生凹坑，则应重新开始，将其充填。如图 7-7 所示。

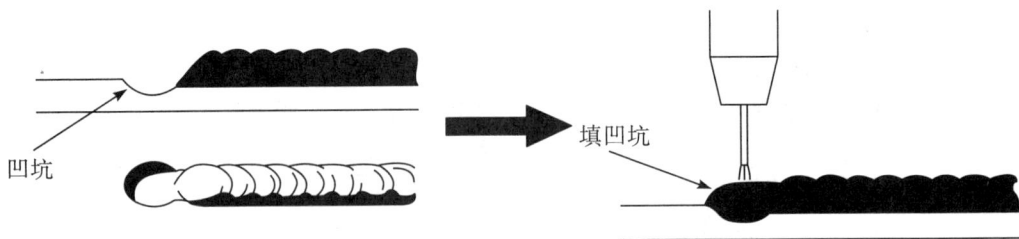

图 7-7　填坑

6. 对接焊的常见缺陷和原因

对接焊的常见缺陷和原因如表 7-2 所示，如果出现不良焊接，应尽快检查原因，制定相应措施，以保证最佳焊接效果。

表 7-2 铝合金对接焊的常见缺陷和原因

缺陷	外观	主要原因
焊道裂纹	裂纹	电流过大 熔敷材料不正确（焊丝）
凹坑裂纹	裂纹 焊接终止处	凹坑充填不正确
咬边		焊枪定位不正确 电流过大 焊接速度过快
飞边		电流不足 焊接速度过低
熔深不足		电流不足 坡口不正确 焊接速度过快
气孔、坑	坑　气孔	焊件不干净 焊丝选择不正确 气体保护不良（保护气体不足或风过大） 焊件潮湿 电极、焊丝不干净
焊缝不均匀		送丝速度不一致 焊枪移动速度不一致
熔化、残缺		电流过大 坡口不正确（过宽）
飞溅		焊枪角度不正确 未用左焊法 焊件不干净 气体保护不良（保护气体不足或风过大）

（二）铝合金板的搭接焊焊接步骤

搭接焊用于连接具有不同厚度的板件或用于需要提高强度的情况。

1. 清除氧化层

用除油剂清除待焊表面上的污物，使用砂带机（P80）打磨清理漆层，使用不锈钢丝刷清除氧化层，清除阴影部位的氧化层，如图7-8所示。

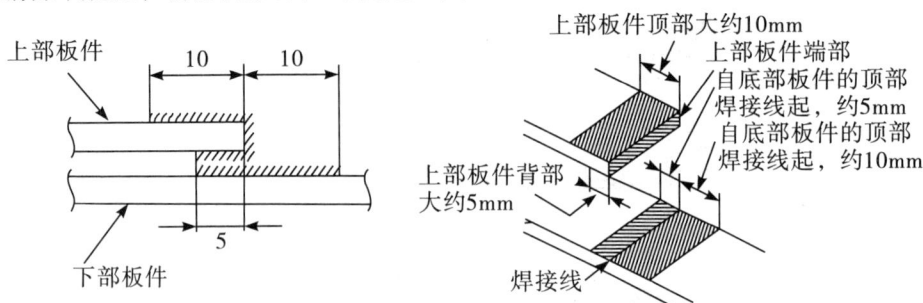

图7-8　搭接焊清除氧化层的要求

2. 定位

上部和下部板件必须相互紧密贴合在一起，并用大力钳夹紧。

3. 开始焊接

焊接开始前，用不锈钢丝刷清理待焊部位。搭接焊时，上部板件的边缘处熔化迅速，而在下部板件的中部熔化缓慢，如图7-9所示。电流应比对接焊时稍微低些。焊接时，应检查下部板件，熔深是否正确。

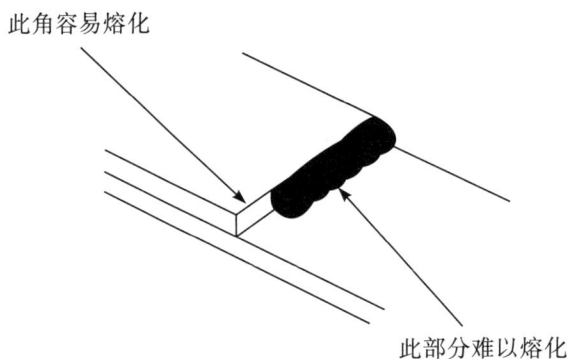

图7-9　铝合金板搭接焊易熔化和不易熔化的部位

焊接注意事项：

紧握焊枪，并与工件表面间保持正确的角度。如果上部板件和下部板件的厚度不同，则焊接过程中应检查熔深情况，采用左焊法，具体焊枪角度如图7-10所示。

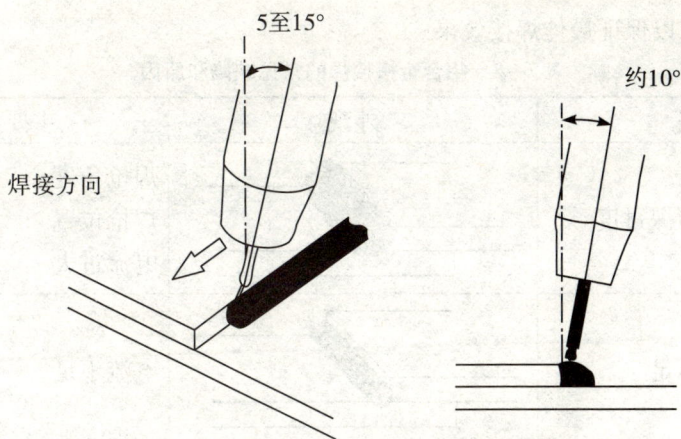

图 7 - 10　铝合金板搭接焊的焊枪角度要求

焊缝高度应与板件厚度持平或稍微高些，如图 7 - 11 所示。如果上部板件和下部板件的厚度不同，则按薄板调整会减小扭曲变形。

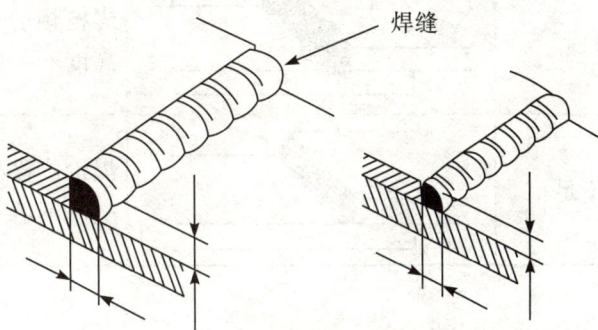

图 7 - 11　铝合金板搭接焊的焊缝

为了减小热变形，应采用断续焊，如图 7 - 12 所示。

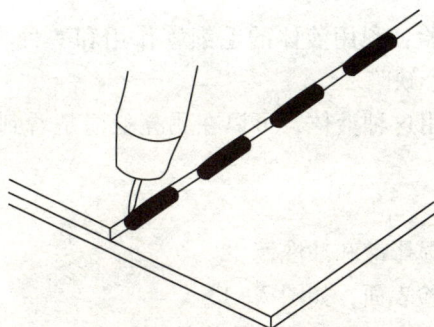

图 7 - 12　断续焊

4. 搭接焊的常见缺陷和原因

搭接焊的常见缺陷和原因如表 7 - 2 所示，如果出现不良焊接，应尽快检查原因，制定相应措施，以保证最佳焊接效果。

表 7 - 2　铝合金搭接焊的常见缺陷和原因

缺陷	外观	主要原因
上部板件熔深过度	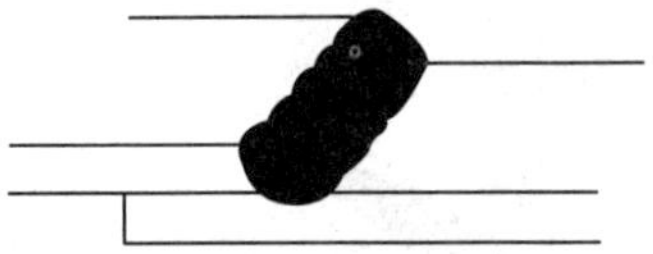	焊枪角度 焊枪位置 电流过大
熔深不足	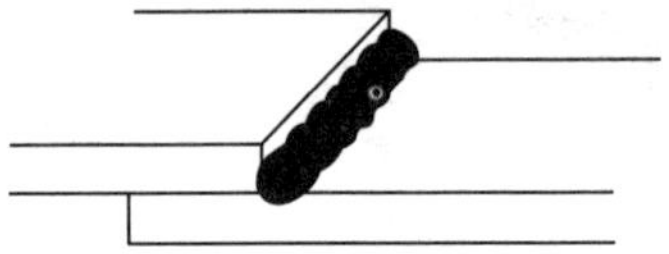	电流不足
焊位不正确	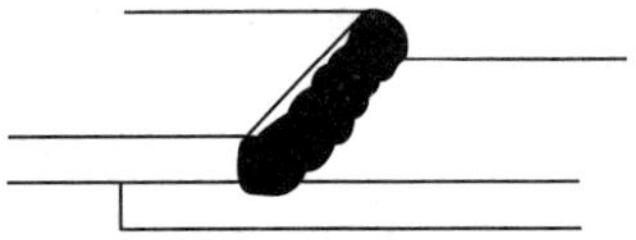	焊枪位置不正确
焊缝不均匀	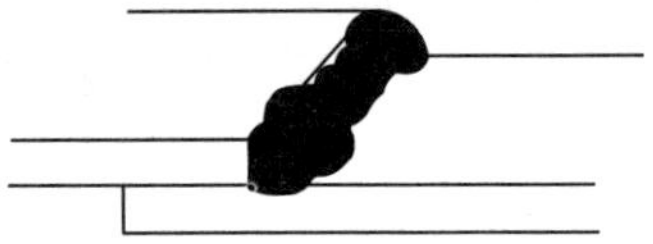	焊枪移动速度不一致焊枪 高度不一致
上部板件熔深不足	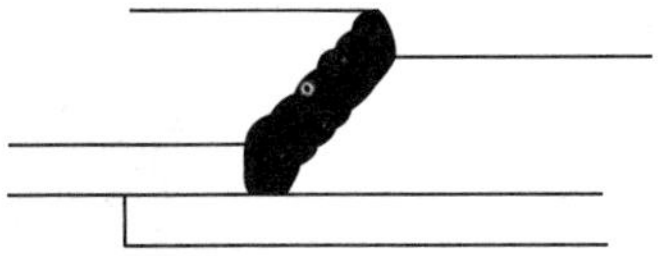	焊枪位置不正 电流不足

（三）裂纹检验与修复

1. 裂纹检验

汽车铝合金板焊接后，应通过渗透剂式或着色渗透式缺陷检测试验进行裂纹检验，不得疏漏。

渗透剂式缺陷检测试验：利用液体的毛细管作用和一种具有极强渗透力的液体，检查肉眼无法检查到的细小缺陷。

采用彩色渗透液：利用这种液体，可以在明亮处清楚看到缺陷部位，这是因为基液具有清晰的对比度。

检验步骤：

（1）准备好渗透液、显影液和冲洗液。

（2）用冲洗液冲洗受检表面，如图 7 - 13。

（3）在受检表面上喷洒渗透液，然后等待其充分渗透至受检部位，如图 7 - 14。

冲洗液

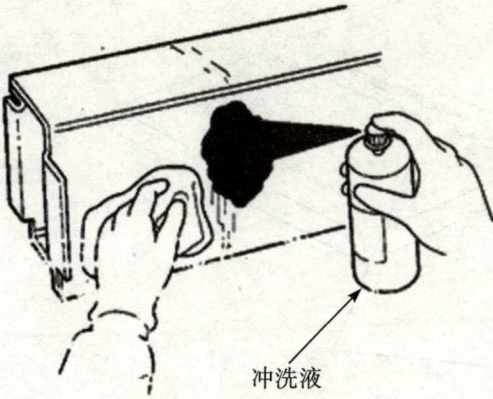

图7-13 冲洗液冲洗受检表面

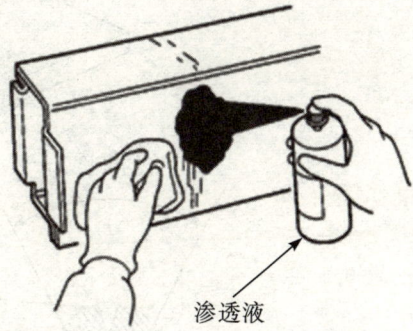

渗透液

图7-14 受检表面上喷洒渗透液

（4）洗去沾在受检表面的多余冲洗液。

（5）涂显影液至受检表面，然后通过颜色变化识别缺陷，如图7-15。

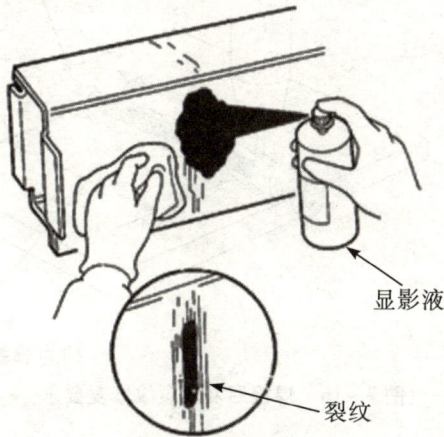

显影液

裂纹

图7-15 涂显影液至受检表面

2. 裂纹修复

如果检验时发现裂纹，则必须予以修复。

在裂纹部位，打磨相当于两倍于裂纹长度的区域，然后重新焊接将其修复，具体要求如图7-16所示。

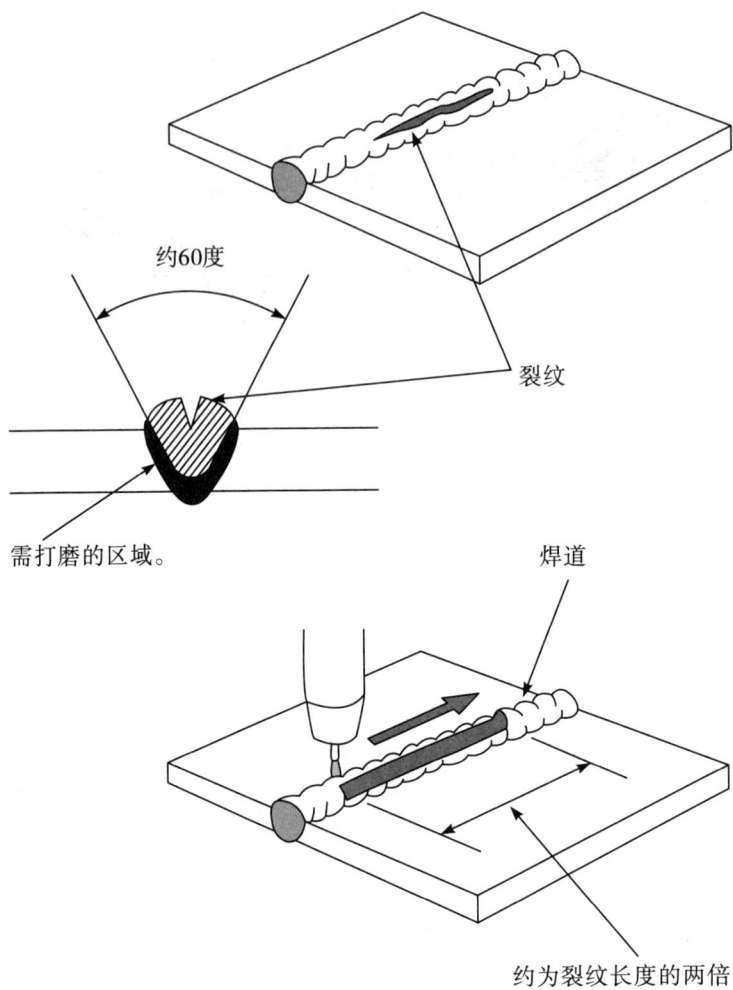

约60度

裂纹

需打磨的区域。

焊道

约为裂纹长度的两倍

图 7-16　焊接后发现裂纹修复要求

五、任务技能考核表

序号	考核内容		配分	评分标准	考核记录	扣分	得分
1	薄铝合金板的对接焊	焊件铝板准备	2	清洁除油、使用不锈钢丝刷清除氧化层			
			2	用大力钳固定铝板			
			2	通过试焊,调整合适的焊接参数			
		对接焊操作步骤	2	先进行定位焊点操作			
			2	定位焊点的位置,以15~30倍板厚为间距			
			2	采用前进法焊接			
			3	在焊道端部,焊枪移动应渐渐停止,并充填凹坑			
		质量评估	15	焊珠形状规则、焊珠排列平直、熔深连续、焊缝宽度5~7mm、高度1~2mm、熔深1~3mm、无过多焊渣、无熔穿、无气孔,工件无扭曲变形			
			10	裂纹检验无裂纹			
	薄铝合金板的搭接焊	焊件铝板准备	2	清洁除油、使用不锈钢丝刷清除氧化层。			
			3	用大力钳固定铝板,上部和下部板件必须相互紧密贴合在一起			
		搭接焊操作步骤	2	通过试焊,调整合适的焊接参数			
			2	先进行定位焊点操作			
			2	定位焊点的位置,以15~30倍板厚为间距			
			2	采用前进法焊接			
			2	采用分断焊接			
		质量评估	15	焊珠形状规则、焊珠排列平直、熔深连续、焊缝宽度5~7mm、高度1~2mm、熔深1~3mm、无过多焊渣、无熔穿、无气孔,工件无扭曲变形			
			10	裂纹检验无裂纹			
3	安全防护		10	工作服、工作鞋、工作帽、护目镜、耳塞、面罩、皮手套、焊接套装、焊接防护面罩、焊接口罩			
4	5S及其他		10	全程5S保持、作业结束清洁工具、错误的工具使用方法、操作失误			
	教师签字			,	年 月 日		

课后练习题

1. 铝合金板对接连续焊应注意哪些操作事项?
2. 你的铝合金板对接焊焊件有何缺陷?原因是什么?
3. 影响铝合金板搭接焊质量的因素有哪些?
4. 你的铝合金板搭接焊焊件有何缺陷?原因是什么?

任务八

汽车车身的钎焊

学习目标

1. 熟悉钎焊焊接的原理和特点。
2. 熟悉钎焊在车身制造与维修中的使用情况。
3. 熟悉钎焊焊接的基本工艺。
4. 能完成汽车维修中所需的钎焊焊接工作。

任务引入

目前钢质车身，在制造时部分板件连接处采用了 MIG 铜焊和激光钎焊技术（具体内容参见任务1）。在车身维修时，这些钎焊部位最好用钎焊代替，这样可以尽量保证与原厂的一致性。如图 8-1，某板件在维修中实施的黄铜钎焊。所以在车身维修作业中，会用到钎焊作业。

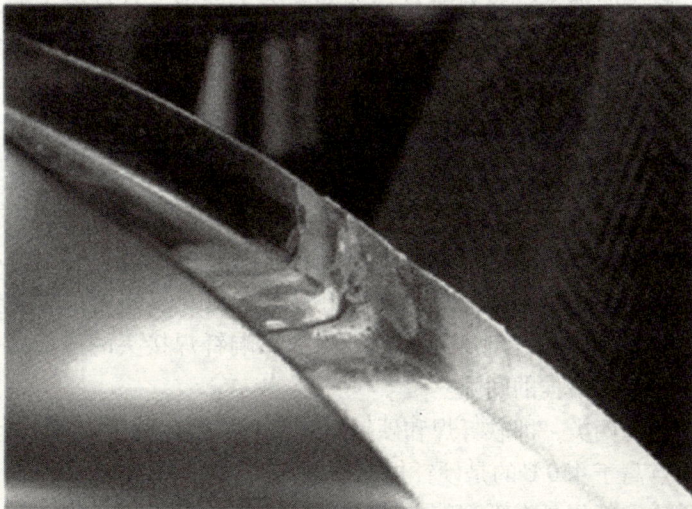

图 8-1　黄铜钎焊

一、钎焊介绍

（一）钎焊的原理和特性

钎焊（如图8－2）是采用比母材熔点低的金属材料作钎料，将母材（焊件）与钎料加热到高于钎料熔点但低于母材熔点的温度，利用液态钎料润湿母材、填充接头间隙，并利用毛细作用与母材相互扩散而实现连接焊件的方法。

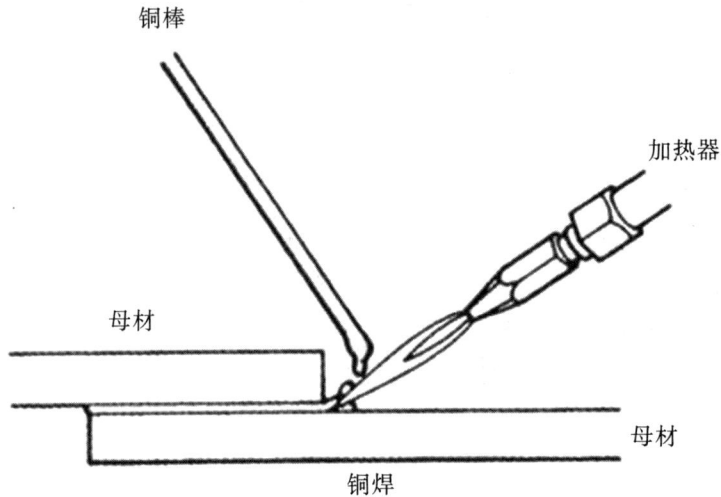

图8－2　钎焊的原理

要使熔化的钎料能很好地流入接头间隙，就必须具备润湿性和毛细管作用于两个填隙的最基本条件。

润湿性是指钎焊时液态钎料对母材浸润和附着的能力，它反映了液态钎料是否能够和固态焊件金属表面很好的接触。当一滴液体在固体表面上呈球状，象水珠在荷叶上一样滚来滚去，说明它的固体表面润湿性差或不润湿。可从如下几个方面改善润湿性：选择能够相互熔融的母材和钎料，提高加热温度，清除钎料及母材表面金属氧化物，使用钎剂，增加母材表面粗糙度。

毛细管作用是指液体在非常细的管中能够自动流动的性能。钎料的润湿性越好，毛细作用越强；其次钎焊接头设计和装配必须保证有小的间隙，间隙愈小毛细作用就愈强。但间隙也不能过小，因为钎焊时温度升高，金属受热膨胀，间隙会变得更小甚至消失，而间隙内的气体和钎剂难以排出，反而影响钎焊接头的强度。一般应根据钎料和母材特点确定一个最佳的间隙。

钎焊习惯上分为两类，即软钎焊和硬钎焊。钎料的熔点低于450℃的是软钎焊，如锡焊；钎料的熔点高于450℃的是硬钎焊，如铜焊。

与熔化焊相比，钎焊具有下列特点：

• 钎焊的温度低，焊接过程中母材不易熔化。因此，母材产生变形和应力的危险性较小。

● 由于不是熔化焊，所以可将不相熔的两种金属结合在一起。

● 黄铜钎料有优异的流动性，它能够顺利地进入狭窄的间隙中，所以很容易填满车上各焊缝的间隙。

● 由于母材没有被焊透，只是在金属的表面相结合，所以焊接强度很低。

● 钎焊技术很容易掌握。

（二）MIG 铜焊

1. MIG 铜钎焊在车身中的应用

MIG 铜焊，即使用惰性气体保护的电弧铜钎焊，也简称电弧铜焊，属于钎焊中的硬钎焊。MIG 铜焊与气体保护焊的原理相同，只是使用的是纯氩气和专用的铜钎焊丝。

在以前汽车制造厂使用的电弧铜焊（如图 8-3）一般对车顶和后顶侧板进行焊接（如图 8-4），可以保证这些板件的连接处有良好的密封性能。

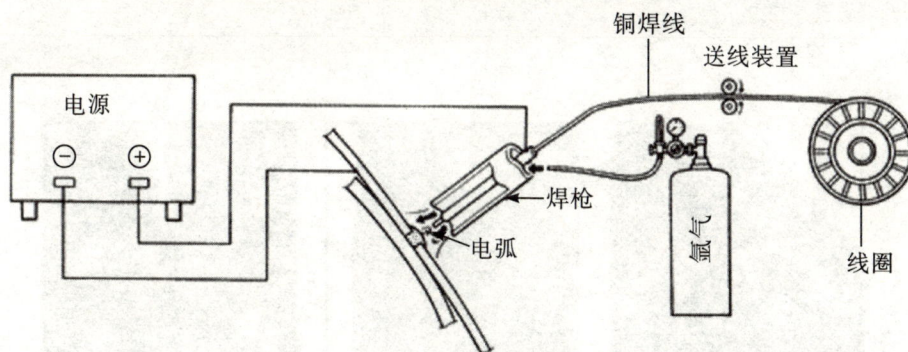

图 8-3　汽车制造厂的电弧铜焊

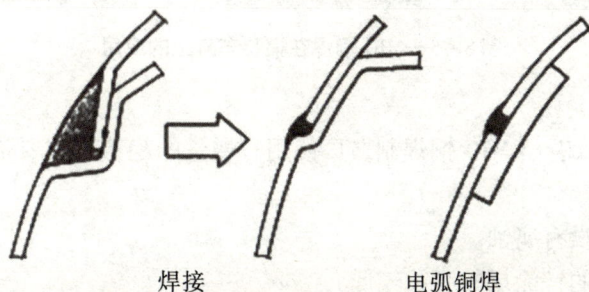

图 8-4　制造厂采用铜焊部位的连接形式

但随着汽车的一体式侧围板（如图 2-1）的大量使用，后顶侧板处已无接缝，也就不需要 MIG 铜焊进行焊接以保证接缝处有良好的密封性能；而顶盖的连接现在大多数汽车采用电阻点焊和粘结剂粘结的方式，保证较高的焊接强度和良好的密封性能，只有少部分车辆使用 MIG 铜焊辅助连接车顶。

现代轿车车身中使用 MIG 铜焊，更多的作用已不是提高接头处的密封性能，而是与电阻点焊配合使用提高板件的连接强度。因为现代轿车车身中高强度钢板的应用不断增多，而高强度钢板对热比较敏感，过多的热量有可能使其强度降低。而 MIG 铜焊过程中使用到的温度范围特别低，可有效的减少焊接热输入量，同时也能够对钣金上的防腐锌层的破坏降低到最小的程度。比如在福特某些车型中 MIG 铜焊连接用在以下部分区域的生产中：①内翼板加固到 C 柱；②A 柱外板加固到 A 柱内钣金件；③前纵梁总成外板加固到 A 柱，如图 8-5 所示。

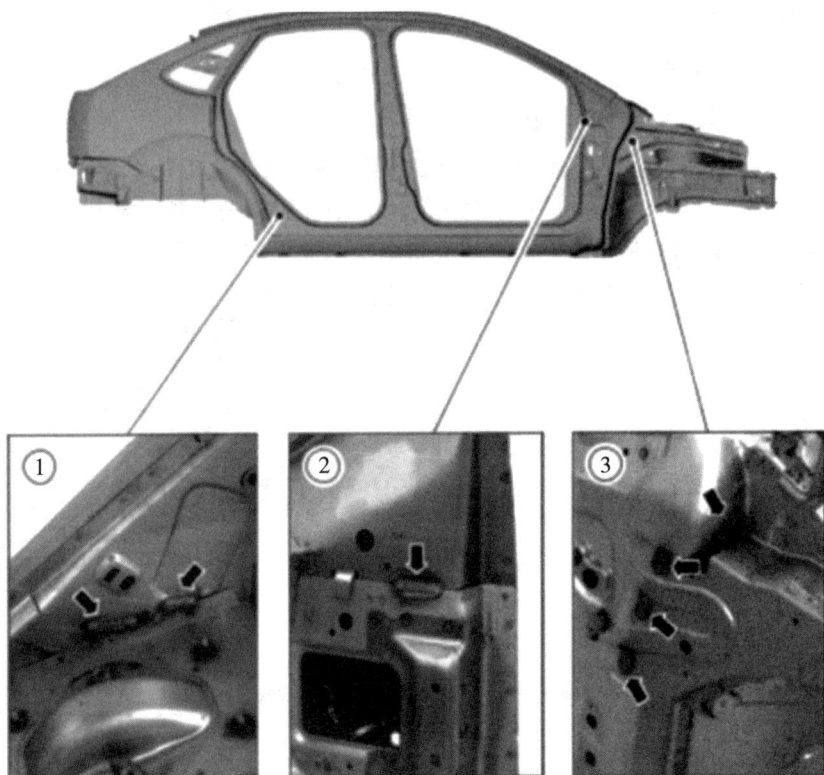

图 8-5　MIG 铜焊在福特车身上的应用

从以上分析可以看出 MIG 铜焊制造厂使用有增长的趋势，主要是因为 MIG 铜焊有以下的一些优点：

（1）铜焊焊缝没有腐蚀。

（2）接头区域的锌涂层的腐蚀较低。

（3）对钣金的反面的涂层的破坏最少。

（4）低的热量所以变形较小。

（5）铜焊缝很容易完成。

（6）很好的过渡焊缝。

2. MIG 铜焊的主要工艺

为了保证修理作业与原厂的一致性，对原厂采用 MIG 铜焊的部位，修理中也用 MIG 铜焊是最好的。下面介绍进行 MIG 铜焊的主要工艺。

（1）焊接材料的选择。

适用于 MIG 铜焊焊接车身薄板结构的铜基焊丝常用的有如下两种：

①硅青铜焊丝（化学成分代号：CuSi3Mn1，焊丝牌号：S211）符合：GB/T9460——2008《铜及铜合金焊丝》，型号：SCu6860。

根据 GB/T9460——2008，铜及铜合金焊丝型号由三部分组成。第一部分为字母"SCu"，表示铜及铜合金焊丝；第二部分为四位数字，表示焊丝型号；第三部分为可选部分，表示化学成分代号。

完整焊丝型号示例如下：

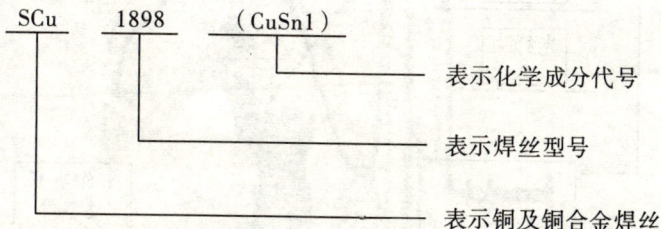

```
SCu    1898    （CuSn1）
                      └──── 表示化学成分代号
              └──────────── 表示焊丝型号
 └──────────────────────── 表示铜及铜合金焊丝
```

S211 硅青铜焊丝材料熔点：1027℃，焊丝直径 $\varphi0.8$，$\varphi1.0$，该焊丝熔敷金属的表面张力小，流动性好，湿润性强；焊缝无气孔、未溶合、无裂缝等焊接缺陷。焊缝抗拉强度 $\sigma_b \geq 309N/mm^2$，焊缝外观呈现凹型，熔合区圆滑过渡，焊缝平整美观，易于打磨抛光。

②铝青铜焊丝（化学成分代号：CuAL8，焊丝牌号：S214）符合：GB/T9460——2008《铜及铜合金焊丝》，型号：SCu6100A。

材料熔点：1046℃，焊丝直径 $\varphi1.0$，在直流反接熔化极电源下，清除铝的表面氧化膜。熔敷金属流动性好，焊缝内外质量高，外形美观。适用于钢板表面镀锌、涂铝、渗铝的车身薄板及非镀层薄板的 MIG 钎焊焊接。

（2）焊接工艺参数选择

保护气体一般选用纯氩 Ar≥99.99%（焊丝为硅青铜时，也可选用98% Ar + 2% O_2 的混合气体，电弧稳定性更好），气体流量 15 ~ 18L/min。建议焊接电流 $I = 100 ~ 120A$，电弧电压 $U = 14 ~ 16V$，焊接速度 $V = 35 ~ 60cm/min$。焊枪行走采用前进法（左向焊法），焊丝伸出长度 8 ~ 15mm。

3. 车身修理厂 MIG 铜钎焊使用注意事项

（1）对于车身修理厂，铜焊只能用于对汽车制造厂已经铜焊的部位进行修理。

（2）不要在或靠近现存的 MIG 铜焊焊缝的区域进行 MIG 焊，因为对于铜焊缝来说，即使很小的热量都会导致焊缝的强度降低。

（3）MIG 铜焊需要新一代的焊接设备以及技术上的培训。因为这个原因，如果维修企业没有 MIG 铜焊设备时，非密封性的 MIG 铜焊接头应被 MIG 焊代替。

（三）激光钎焊

在汽车制造领域，激光加工技术得到了广泛地应用和发展。其中激光熔焊、激光钎焊技术正是在车身制造的推动下开发出来的一项新的连接技术。激光焊接新技术，不仅提高了车身防腐性能，而且使车身强度提高了30%，极大提高了生产效率，确保了车身制造的高精度，保证了汽车车体的美观，同时减轻了车身质量，为汽车行业生产轻量化汽车作出了突出贡献。

汽车制造厂激光焊接系统组成如图8-6所示。

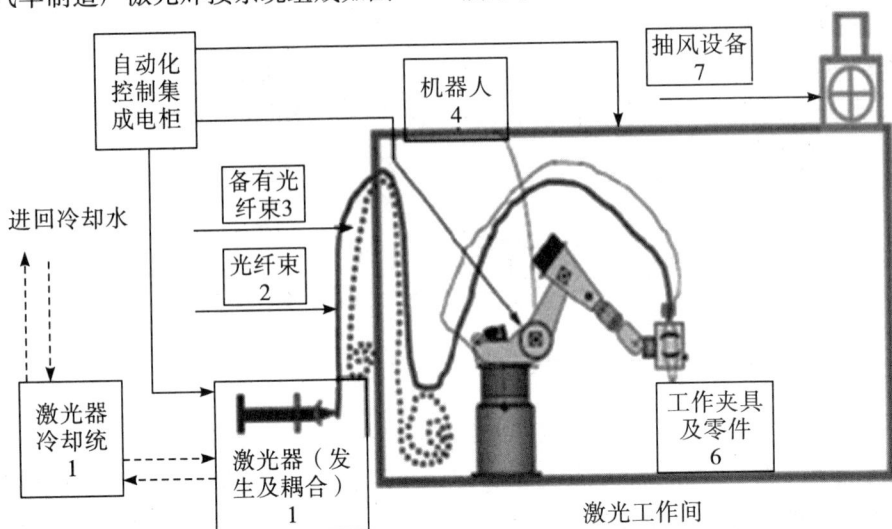

图8-6　激光焊接系统组成

现在很多车型，顶盖和侧面车身的焊接采用激光钎焊技术（以铜焊条为钎料，又称激光铜焊），如图1-6所示，激光钎焊也称激光填丝钎焊，如图8-6所示。其原理为：利用激光光束作为热源，聚焦后的光束照射在填充的焊丝表面，焊丝在光束能量持续加热下熔化形成高温液态金属，液态金属浸润到被焊零件连接处，在适当的外部条件下，使之与工件间形成良好的冶金结合。需要注意：工件间的连接是通过钎料熔融金属实现的，母材本身不能被激光严重熔蚀损伤。

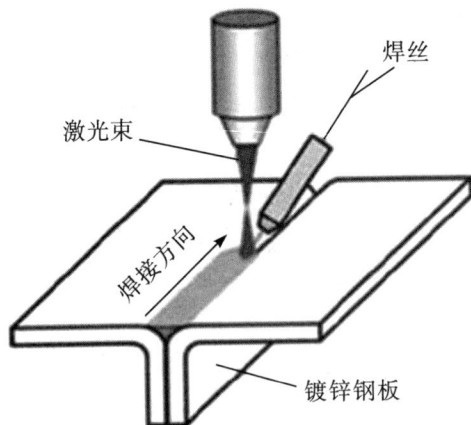

图8-6　激光钎焊

对于原厂采用激光铜焊的顶盖，汽车维修企业以前采用的电阻点焊和气体保护焊连接技术已无法适用，因为顶盖与侧面搭接宽度已不到1mm，修理时已无法实施电阻点焊或气体保护焊的塞焊。所以修理更换时必须采用新的连接技术代替，即用锡焊缝代替原厂的激光铜焊缝，从焊接强度方面考虑，铜焊的强度要高于锡焊。但修理企业在顶盖处实施铜焊比较困难，如使用黄铜钎焊，火焰加热会由于金属的热传导作用而破坏周围的涂层，现代轿车修理此种方法现在已不建议使用；MIG 铜焊的焊接热量较大，焊接长焊缝容易导致薄板件顶盖变形。因此用锡焊代替原厂激光铜焊是可行的方法，在连接强度方面，顶盖的连接强度主要靠与顶盖横梁的粘结和顶盖前后部与顶盖横梁的塞焊或电阻点焊保证，因此顶盖侧焊缝的连接强度与原厂相比要低些，但对顶盖的整体连接强度影响不大。另外现在的激光铜焊的顶盖也可以采用粘结法连接。

（四）黄铜火焰钎焊

黄铜火焰钎焊是指以黄铜为钎料，氧乙炔火焰加热母材和钎料的一种焊接方法，在车身维修中可以用在密封性要求高而强度要求不高的板件的连接。但火焰加热会由于金属的热传导作用而破坏周围的涂层，所以此种方法在车身维修中应用较少。

1. 黄铜钎焊的材料

（1）焊条

目前常用焊条为 S221 锡黄铜焊丝（化学成分代号：CuZn40SnSi）。

符合：GB/T9460——2008《铜及铜合金焊丝》，型号：SCu6810A。

成分：Cu = 59 - 61%；Sn = 0.5 - 1.0%；Si = 0.15 - 0.35%；Zn 余量。

说明：S221 熔点约 890 - 905℃，是含有少量锡和硅的特殊黄铜焊丝。锡能提高焊丝的流动性，而硅可有效地控制锌的蒸发，消除气孔，从而得到良好的焊缝。

用途：适用于黄铜、紫铜气焊时作填充材料，也广泛用于钎焊钢和铸铁及镶嵌硬质合金刀具。还可用作低压阀门密封面、轻负荷耐磨表面的堆焊材料。

（2）焊剂

焊剂也叫钎剂，定义很广泛，包括熔盐、有机物、活性气体、金属蒸汽等，即除去母材和钎料外，泛指第三种用来降低母材和钎料界面张力的所有物质。

焊接时，能够熔化形成熔渣和气体，对熔化金属起保护和冶金物理化学作用的一种物质。

焊接过程中必须使用焊剂，其作用是：清除钎料和母材表面的氧化物，保护焊件和液态钎料在钎焊过程中免受氧化，改善液态钎料对焊件的润湿性。

如果熔化的钎料表面上有氧化层或粘有外来杂质，钎料就不能和母材充分粘接，而且表面张力将使钎料变成球状，不能粘附于母材上（如图 8-7）。焊剂能很好地溶解或破坏钎料表面的氧化膜，焊剂及其清除氧化物后的生成物密度小，有利于浮在表面呈薄层覆盖住钎料和钎焊金属，有效地隔绝空气，同时也易于排除，不致在钎缝中成为夹渣（如图 8-8）。

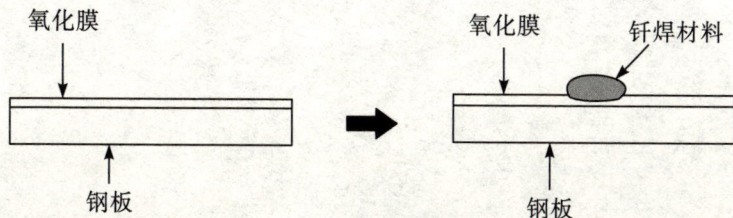

图 8-7　不使用焊剂的情况

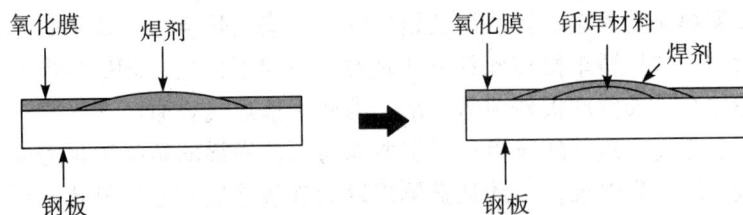

图 8-8 焊剂的作用

黄铜火焰钎焊常用焊剂为 CJ301，它是粉末状铜气焊溶剂，熔点约 650℃，能有效溶解氧化铜和氧化亚铜。焊接时呈液体熔渣覆盖于焊缝表面，防止金属氧化。

CJ301 的产品牌号和含义如下：

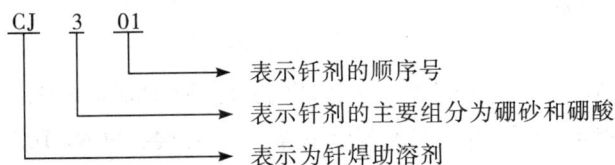

CJ 3 01

→ 表示钎剂的顺序号

→ 表示钎剂的主要组分为硼砂和硼酸

→ 表示为钎焊助溶剂

CJ301 的用途：紫铜及黄铜合金气焊或钎焊时作助熔剂用。

注意：施焊前先将施焊处刷擦干净，施焊时用焊丝一端煨热沾上本熔剂即可进行施焊。

2. 黄铜火焰钎焊焊接设备

黄铜火焰钎焊需要氧乙炔火焰加热母材和钎料，所以需要氧乙炔焊接设备。氧乙炔焊是利用氧和乙炔混合燃烧生成的火焰进行焊接的方法，通常称为气焊。其特点是设备简单不需用电。其设备包括氧气瓶、乙炔瓶、减压器、焊枪（切割时换成割炬）、胶管等。

（1）氧气瓶

外表一般喷涂天蓝色油漆，瓶体上用黑色油漆喷上"氧气"二字作为标识，另外还喷有"氧气禁油"的警示字样，瓶底一般为凹状，以便于站立，如图 8-9 所示。有的瓶底用普通钢板作成上圆下方的瓶脚，焊接在瓶底的下方，除了站立还可防止地面上的潮湿和各种腐蚀液体对瓶体伤害。具体规格见表 8-1 所示。

图 8 - 9　氧气瓶

表 8 - 1　常用的氧气瓶的规格

规格	说明	规格	说明
瓶体高度	约 137cm	容积	40L
瓶体直径	21.9cm	瓶限压力	155Mpa
瓶体质量	约 55kg	储存氧气	约 $6M^3$
外表漆色	天蓝、黑字	水压试验	22.5Mpa

（2）氧气瓶阀

氧气瓶阀是高压氧气进出瓶内的控制阀门，常用阀门的规格为 QF-2 铜阀，材质由 HPb59-1 黄铜制成，目前主要采用活瓣式阀门，由阀体、安全膜装置、阀杆、手轮、活门等部分组成，其外形和构造如图 8 - 10 所示。

氧气瓶阀的使用方法：顺时针方向旋转为关闭，逆时针方向旋转为开启；活门开启时的高度为 1.5~3mm，氧气瓶阀操作简单方便，直接用手旋转手轮，即可开启、关闭瓶体阀。

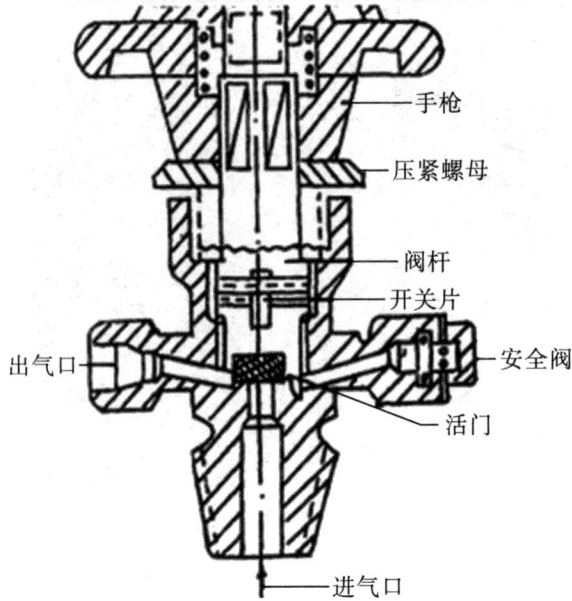

图 8 - 10　氧气瓶阀

氧气阀的工作原理：手轮旋转时，带动阀杆转动，再通过中间连接的开关铁片联动，使活门作上行或下行移动。当活门作向上移动时，瓶内氧气就由进气口经气门流向出气口；当活门作向下移动时，活门就压紧阀座密封尼龙垫，使活门紧闭，氧气不能流出。

氧气瓶阀在使用过程中，由于各种原因，经常会发生一些故障，常见的故障和形成原因及排除方法见表 8 - 2。

表 8 - 2　氧气瓶阀常见故障与形成原因及排除方法

常见故障	发生现象	形成原因	排除方法
气门阀漏气	活门密封不严	封闭不到位	拧紧压紧螺母
	防漏垫圈与转动轴不紧密	过度磨损	更换钢片垫圈
阀杆空转	阀杆套与阀杆轴配合磨损	开关时用力过度	更换磨损配件
	联动铁片折断	疲劳磨损	铁片更换

（3）氧气

氧气的分子式为 O_2，在常温常压下呈气体状态，在标准状态下（0℃，0.1Mpa），氧气的密度为 1.429Kg/m^3，比空气重（空气为 1.293Kg/m^3），无色、无味、无毒；当温度降至 -183℃时，氧气就由气态变为淡蓝色的液态；当温度降至 -218℃时，液态氧就变为淡蓝色的固体。

氧气不能燃烧，但能帮助其他可燃物质燃烧，氧气的化学性质极为活跃，自然界的一切元素（除惰性气体外），几乎都可以与之相化合而产生化学反应。氧气的化合能力随着压力的加大和温度的升高而增强，当高压氧气遇到易燃物质（如油脂、天那水等）相接触时，就会发生剧烈的氧化反应而使易燃物质自行燃烧；当高压氧气处于高温环境时，则会产生强烈反应而引起爆炸。在使用氧-乙炔气焊接设备时，氧气瓶阀、氧气减压器、氧气胶管、焊炬等不可有油脂沾附。

（4）乙炔瓶

乙炔瓶是用来储存乙炔气的专用罐体，瓶体圆柱形，为了使瓶体能垂直站立，瓶体下面用钢板制作的圆圈焊接成底座。常用的瓶体是用优质碳素结构钢直接轧制焊接而成，外表喷涂白色油漆，并用红色油漆喷注"乙炔"标识字样。另外喷有"不可近火"的警示字样，外形近似氧气瓶，但瓶体内结构比氧气瓶复杂得多，如图8－11、8－12所示。

图8－11 乙炔瓶

安全空间
11.0%

丙酮膨胀空间
36.8%

丙酮
43.2%

多孔填料
9.0%

图8－12 乙炔瓶的构造

乙炔气瓶有中压式（适用于等压式焊、割炬）与低压式之分（适用于低压式焊、割炬），常用的乙炔气瓶属于低压式，瓶内的乙炔气压力最高可达1.5Mpa，具体规格见表8－3。

表8－3 常用的乙炔瓶的规格

规格	说明	规格	说明
瓶体高度	约105cm	容积	40L
瓶体直径	25cm	瓶限压力	1.5Mpa
瓶体质量	约60kg	储存乙炔	约7kg
外表漆色	白色、红字	水压试验	6Mpa

因乙炔气是高易燃、易爆性气体，不易储存和运输，但乙炔能大量溶解于丙酮溶液和活性碳的多孔毛细管中，可以稳定和降低其爆炸性之特性，在瓶体内装有浸满丙酮的多孔活性碳材料，能使乙炔稳定安全地储存在瓶内。使用时，溶解在丙酮中的乙炔气就自动分解，通过乙炔瓶总阀流出来，而保留在瓶内的丙酮，可反复溶解再次充入乙炔气，以储存到活性碳的多孔中。

（5）乙炔瓶阀

乙炔瓶阀主要由阀体、阀杆、压紧螺母、活门以及过滤部件等组成，乙炔瓶阀的开启方式与氧气瓶阀不同，没有设置旋转手轮，而是利用方形孔套筒板手套在阀杆的方形头上端，进行开关作业。

其工作原理为：板手逆时针方向旋转时，阀杆带动活门（活门上镶嵌有白色尼龙制成的密封垫圈）向上移动，阀门开启，乙炔气从进气口经气门流向出气口；当板手顺时针方向旋转时，活门则向下移动压紧阀座，使乙炔气不能流出。

常用的乙炔气是低压式，所以乙炔气阀与氧气阀相比，少了一个安全膜装置。

乙炔瓶阀的阀体，由低碳钢制成，阀体的下端与氧气瓶阀相似。同样被加工成英制螺纹的锥形尾，使其旋入乙炔瓶体的口内，进气口内有铁丝制作的过滤网，上面附着有用羊毛毡制成的过滤层，使分析出来的乙炔气得到过滤，并阻止水份和杂质的溢出。

（6）乙炔

乙炔是一种无色而有特殊臭味的气体，是一种碳氢化合物，其分子式为 C_2H_2。在标准状态下，密度为 1.17 kg/m3，比空气略轻。电石与水作用可生成乙炔分子式为：

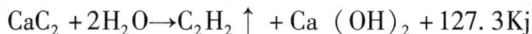

$$CaC_2 + 2H_2O \rightarrow C_2H_2 \uparrow + Ca(OH)_2 + 127.3Kj$$

乙炔是可燃气体，它与空气混合燃烧时所产生的火焰温度为2350℃，而与氧气混合燃烧时所产生的火焰温度可达 3000~3300℃。因此，能够迅速熔化金属进行焊接与切割。

乙炔的完全燃烧按下列反应式进行：$2C_2H_2 + 5O_2 = 4CO_2 + 2H_2O$

由反应式知道1个体积的乙炔完全燃烧需要 2.5 个体积的氧气，所以气焊、气割时，氧气的消耗量比乙炔大。

乙炔也是一种具有爆炸性危险的气体，纯乙炔压力为 0.15 MPa，温度为580℃时，就可能发生爆炸。乙炔与空气或氧气混合时，在空气中浓度2.5%~80%，在氧气中浓度达2.8%~93%范围时，遇到明火就会立刻发生爆炸。乙炔与铜或银长期接触会产生一种爆炸性的化合物，即乙炔铜和乙炔银，当它们受到剧烈振动或者加热到 110~120℃时就会引起爆炸。所以凡与乙炔接触的器具、设备禁止用纯铜制造，应用含铜量不超过70%的铜合金制造。

由于乙炔受压会引起爆炸，因此不能加压，直接装瓶来储存。就是利用乙炔可以大量溶解在水和丙酮中的特性储存。特别是在丙酮中溶解量特别大，1L 丙酮可溶解25L乙炔。工业上将乙炔灌装在盛有丙酮和多孔物质的容器中，称为溶解乙炔（瓶装乙炔）进行储运，既方便又经济。

（7）焊炬

焊炬是在气焊作业时用于控制气体混合比、流量及火焰并进行焊接的工具，作用是将可燃气体和氧气按操作者的要求用手操作调节控制其混合比，按一定的速度喷出，燃烧而生成具有一定的能量、成分、形状稳定的焊接火焰，使被焊接材料熔化。因此，焊炬不仅应具有良好的调节和保持氧气与可燃气体的比例，还应使混合气体的喷出速度与燃烧速度相等，有稳定的火焰和燃烧性能，同时要求气密性要好，耐腐蚀，耐高温。

焊炬与割炬的功能不同，两者不能混用。焊炬按可燃气体与氧气混合的方式不同，可划分为等压式焊炬和低压式焊炬。

等压式焊炬，一般采用的是中压乙炔气。焊炬的构造，主要由主体、乙炔气调节阀、氧气调节阀、乙炔气通道、氧气通道、混合气室、混合气通道、焊嘴、手柄、乙炔气接头、氧气接头等部件组成。等压式焊炬的结构比低压射吸式焊炬要简单些。等压式焊炬的使用有一定的局限性，必须是中压乙炔气，千万不能用低压乙炔气替代使用。

低压式焊炬可适用于中压乙炔气，但等压式焊炬切不能使用低压乙炔气。低压式焊炬是指可燃气体表压力低于 0.7 Mpa 的焊炬，可燃气体靠喷射氧气流的射吸作用进入混合气室混合，并以相当高的流速喷出。也叫喷吸式焊炬，是目前应用较为广泛的焊炬。焊炬的构造，主要由主体、乙炔调节阀、氧气调节阀、喷嘴、射吸管、混合气室、焊嘴、手柄、乙炔气管接头、氧气管接头等部分组成，其构造如图 8 - 13、8 - 14 所示。

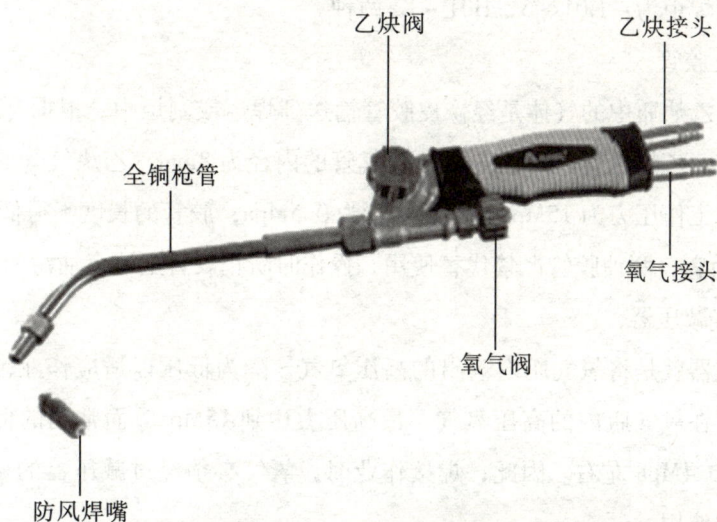

图 8 - 13 低压焊炬外观图

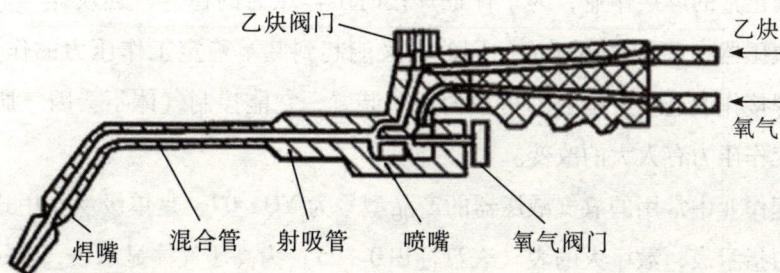

图 8 - 14 低压焊炬剖面图

在日常修理作业中，一般是根据工件的厚度来选择不同型号的焊炬。为了能在工作中得手应心地选择合适作业的焊炬，首先必须了解焊炬型号的含义，如 H01 - 6，前面的字母"H"代表焊炬，也是焊炬"焊"字的汉语拼音声母，此种标注方法一直是我国沿用的惯例；"0"则表示为手工操作，"1"则表示该型号焊炬为喷吸式焊炬（即低压焊炬），"2"则表示该型号焊炬为等压式焊炬，"3"则表示该型号焊炬为换管式焊炬，后缀的数字则表示该焊炬的最大焊接厚度（材质以普碳钢板为标准，单位：mm）。各种型号的焊炬均配有 3 ~ 5 个焊嘴，焊嘴型号大则表示焊嘴的出气孔和出气量大，适应的焊接工件厚度相应增大。

国产低压焊炬型号有：H01 - 6、H01 - 12、H01 - 20、H03 四种，前三种焊炬各配有五个不同型号的焊嘴，而 H03 型焊炬的主要结构与工作原理和前三种型号焊炬其本相同，均属于喷吸式焊炬，只是根据工件的需要变换火焰和温度时，不是用更换焊嘴来完成，而是用三根焊管的变换来实现，所以人们也叫它换管式焊炬。H03 型焊炬的焊管相当于前三种焊炬的焊嘴、混合气管、射吸管的功能组合。目前在修理作业中使用较为广泛的焊炬为：H01 - 6，H01 - 12 两种。

（8）橡皮胶管

氧气瓶与乙炔瓶中的气体是经橡皮胶管输送到焊炬或割炬中，根据有关行业规定，氧气管为红色，乙炔气管为黑色，通常氧气管的内径为 8mm，乙炔气管的内径 10mm；氧气管允许的工作压力为 15Mpa，乙炔气管为 0.5Mpa；胶管的长度不得低于 5m，一般以 10 ~ 15m 为宜，两种胶管严禁代替使用，操作时防止胶管上沾有油污和漏气。

（9）氧气减压器

氧气减压器就是将氧气瓶内输出的高压氧气，降为低压以适应作业范围的调节装置。一般储存在氧气瓶内的高压氧气，最高压力达到 15Mpa，而常用的低压氧气工作压力在 0.1 ~ 0.4Mpa 左右。因此，焊接作业时，氧气必须经过减压器的调节后，才能输送到焊炬内使用。

在焊接过程中，气瓶内的氧气压力会随着气体的不断消耗而逐渐下降，压力的变化势必影响正常的焊接作业，为了保证焊接时工作压力的稳定，必须有一个稳定装置来控制，减压器在调节气体压力的同时，又能起到基本稳定工作压力的作用，因此，减压器在焊接作业过程中是必不可少的调节装置，它能控制气体不会因气瓶内的气体减少而使工作压力有太大的改变。

在修理作业中常用的氧气减压器的产品型号为 YQY-07，是单级反作用式。上面装有两个压力指示表，数字大的表（表盘标识 0 ~ 25）为高压气体显示表，显示的是氧气瓶内的气体流入到减压器内的压力；数字小的表（表盘标识 0 ~ 2.5）为低压气体显示表，显示的是调节后经高压气室进入低压气室的工作气体压力。如图8-15所示。

图8-15 氧气减压器

单级反作用式氧气减压器的构造由外壳、进气口、高压显示表、高压室、副弹簧、减压气活门、活门座、低压室、安全阀、低压显示表、传动杆、弹簧膜片、主弹簧、调节杆螺丝、出气口等组成。

①单级反作用减压器的工作原理：减压器又称为压力调节器，它是将高压气体降为低压气体的调节装置。例如，把氧气瓶内的15 MPa高压气体减压至0.1~0.3MPa的工作压力，供焊接或切割时使用。减压器同时还有稳压作用，使气体的工作压力不随气瓶内的压力减小而降低。减压器的工作情况如图8-16所示，从氧气瓶出来的高压氧气进入高压室10后，由高压表1指示压力。不工作时（如图8-16a），应当放松调压弹簧7，使活门4被活门弹簧压下，关闭通道5，高压气体就不能进入低压室9。

减压器工作时（如图8-16b），应按顺时针方向将调压手柄旋入，使调压弹簧7受压，活门4被顶开，高压气体经通道5进入低压室9。随低压室内气体压力的增大，压迫薄膜6及调压弹簧7，使活门的开启量逐渐减小。

当低压室内气体压力达到一定数值时，会将活门关闭，低压表2指出减压后的气体压力。控制调压螺杆8的旋入程度，可改变低压室的压力，获得所需的工作压力。

气割时随着气体的输出，低压室内的气体压力降低，薄膜6上凸使活门重新开启，流入低压室的高压气体流量增多，可补充输出的气体。

当活门的开启度恰好使流入低压室的气体流量与输出低压气体流量相等时，即可稳定地进行工作。当输出的气体流量增大或减少时，活门的开启度也会相应地增大或减小，以便自动保持输出气体压力的稳定。

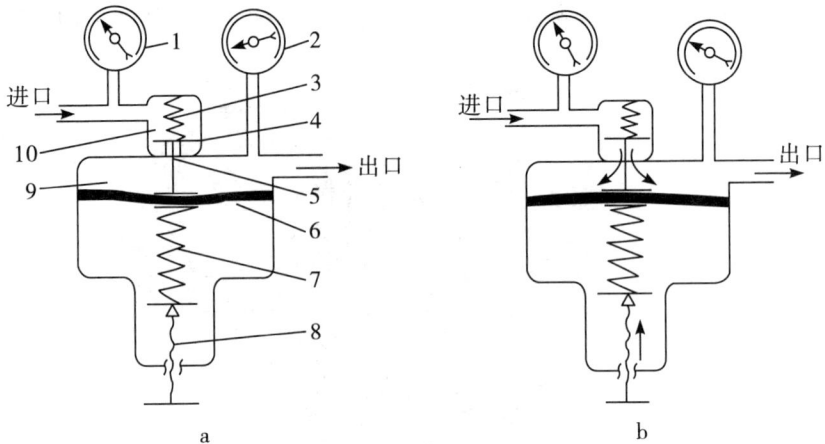

图 8-16　减压器工作原理

a　未工作状态；b　工作状态

1—高压表；2—低压表；3—活门弹簧；4—活门；5—通道；6—薄膜；
7—调压弹簧；8—调压螺杆；9—低压室；10—高压室

②单级反作用减压器的特点。优点是构造简单，操作使用方便，造价成本不高，但缺点也很明显，具体表现为焊接时气体的工作压力只是基本稳定而不是绝对稳定，特别是在高压气体减少的情况下，甚为突出，可直接影响气焊的工作质量与效率。另外，单级减压器只经过一次调节就把高压气体变为低压气体，气体在低压室内急剧膨胀，大量地吸收热量，使低压室内的温度骤降。因此，在冬天寒冷的情况下，容易发生表内冻结现象。

③单级反作用式氧气减压器在使用过程中，应遵守下列操作规程：

a. 减压器在安装之前，应先清除氧气瓶阀口内及周边油脂，因为高压氧气排放时，可产生静电火花引起火灾或烧毁减压器的内部另件。

b. 减压器安装时，应先略开氧气瓶阀，吹除污物，以防开启阀门时将灰尘和水分带入减压器内。瓶阀开启时，出气口不得对准操作者或他人，以防高压气流突然冲出伤人。

c. 减压气的出气口与气管连接处，必须用软铁丝扎紧；或者用卡箍拧紧，如果是双芯气管，必须拧紧螺丝接头，防止减压器开启时气管突然崩脱而发生危险。

d. 氧气瓶阀或减压器阀开启时，先检查氧气瓶阀出口与减压器阀进口的接头是否漏气，如果听到气流的"丝丝"声，应迅速关闭氧气瓶阀门后进行重新装接。开启氧气瓶阀门时，动作应缓慢，如果阀门开启速度过快，减压器内的工作部分的气体因受绝热压缩而温度急剧升高，有可能把减压器内的有机材料制作的零件烧坏，而使减压器失去功能作用。

e. 在修理作业过程中，必须经常注意观察减压器上压力表的指针变化，如数值突然过大或过小，或一表有数值反映一表不工作，或表内漏气，应立即停止工作。先逆时针旋转减压器的调接杆，关闭减压器的阀门，而后关闭氧气瓶阀，再放掉减压器内的余气，拆卸下减压器进行检修。工作完毕后，关闭减压器的程序也是如此，这样可以保护弹簧和减压活门免受损坏。

f. 氧气减压器在寒冷的冬季里使用时，如有发生冻结现象，应及时关闭氧气瓶阀后拆卸下减压器，放在热水中或蒸气上解冻，待完全化除冻结后，再用风枪吹除减压器内部的残存水分，绝不允许用火焰进行烘烤，否则可能对减压器造成损坏。

g. 氧气减压器的压力表，应定期检修。如有损坏或失灵，应购买与之型号相匹配的氧气压力表进行更换，绝不允许用乙炔表或其他系列的表替代使用。

④减压器在使用时，会发生一些不正常的现象，常见故障及防止措施见表8-4。

表8-4 氧气减压器的常见故障及防止措施

常见故障	故障原因及部位	防止措施及修理
减压器漏气	减压器连接部分漏气，螺纹配合松动或垫圈损坏	①拧紧螺丝； ②更换新的钢纸垫圈或加石棉绳
减压器表针爬高（自流）	安全阀漏气，活门垫料损坏或弹簧变形	①调整弹簧； ②更换活门垫料（青钢纸和石棉绳）
	减压器上盖薄膜损坏或未拧紧，造成漏气	①更换橡皮薄膜； ②拧紧丝扣
	调节螺杆松开后，气体继续流出，低压表针继续上升，原因是： ①活门或门座上有污物； ②活门密封垫或活门座不平（有裂纹）； ③回动弹簧损坏，压紧力不够	将活门螺丝松开，取出活门进行检查，按损坏情况处理： ①将活门污物去净； ②活门不平处用细砂布磨平，如果有裂纹要换新的； ③调整弹簧长度
	调节螺杆已拧到底，但工作压力不升或升得很少，其原因是调压弹簧损坏或传动杆弯曲	拆开减压器盖，更换调压弹簧和传动杆
打开氧气瓶时，高压表表针已表示有氧，但低压表不动作或动作不灵敏	工作时氧气压力下降，或表针有剧烈的跳动，说明减压器内部冻结	用热水加热解冻后，把水分吹干
	低压表已升到工作压力，但使用时突然下降，说明氧气瓶阀门没全打开	继续打开氧气阀门

（10）乙炔减压器

乙炔减压器是供瓶装溶解乙炔减压用的装置，乙炔减压器上设置有两块压力显示表，数字大的（表上标度量程0~2.5），为高压乙炔表，所显示的数值是从乙炔瓶进入高压气室的气体压力；数字小的（表上标度量程0~0.25），为低压乙炔表，所显示的数值是经过调节后可供使用的工作压力。表体设置有安全阀，当输出压力大于

0.18Mpa 时，安全阀就开始泄气，当输出压力达到 0.24Mpa 时，安全阀就全部打开。另外，乙炔减压器的两块压力显示表上，均设置有安全警戒线，在标度盘上的后面有一道较粗的红线，警示操作过程中不可逾越最大许可工作压力，随时观察、区别、加以控制。

乙炔减压器的构造与工作原理。与单级反作用式氧气减压器基本相同，所不同的是乙炔减压器的连接采用的是夹环和紧固螺丝来加以固定。在进气口接头上也有区别，氧气减压器的接头是球头紧配合式，乙炔减压器的接头是套入式，直接压在乙炔瓶阀的出口内尼龙密封接口垫上。

（11）火焰及调节

氧-乙炔焊的火焰选用与调节，将直接影响焊接的质量，混合气体内的氧气体积与乙炔气体积的比值是一个很重要的技术数据，它直接决定着火焰的外形、构造、化学性能以及热性能等，所以它是氧-乙炔焊工艺中最重要的一个环节。

不同的工件与材质，对火焰的要求也不同，控制和调节混合气体内氧气和乙炔气的比例，可以得到所需的火焰。一般根据氧-乙炔焰的外形、颜色及温度，划分为碳化焰、中性焰、氧化焰三种类型，其外观形状与构造如图 8-17 所示。

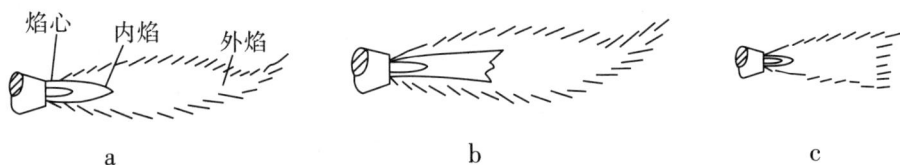

图 8-17　氧-乙炔焰的种类、外观形状及其构造

a 中性焰　　　　　　　b 碳化焰　　　　　　　c 氧化焰

①中性焰

中性焰的火焰有非常明亮透明的焰心，焰心被明亮的外层蓝色火焰包围。其氧气与乙炔的体积比为 $\alpha = 1 \sim 1.2$，燃烧后既无过剩的氧气又无过剩的乙炔气。中性焰燃烧时的温度最高可达约 3150℃ 左右。

中性焰由于氧气和乙炔气都得到了充分的燃烧，在焊接作业时，没有过烧的现象和金相组织改变的现象发生；同时由于有外焰的保护，焰心还具有还原性，与熔化金属作用使氧化物还原，从而改善了焊缝的力学性能，中性焰适用于焊接一般的碳钢和有色金属。

②碳化焰

碳化焰又称还原焰，碳化焰的火焰外形比中性焰长，焰心的光亮略带红色，其氧气与乙炔的体积比为 $\alpha < 1$，一般在 $\alpha = 0.85 \sim 0.95$ 范围，碳化焰燃烧后尚有部分的乙炔气未燃烧干尽，碳化焰燃烧时的最高温度约为 2700℃ ~ 3000℃ 左右。

碳化焰焊接时，内焰中过量的炽热的碳微颗粒溶入熔池，对被焊钢件有增碳的作用，如低碳钢的焊缝常具有中碳钢的性质，脆性增大，塑性减小，而且容易产生裂纹。

轻微的碳化焰一般用于高碳钢、高速钢、铸铁及镁合金等。

③氧化焰

氧化焰的火焰外形比较短，颜色成蓝色，它是增大氧气和减少乙炔气的比例所得，燃烧时还伴有"嘶、嘶、"的声音，氧气比例愈大，发出的噪音愈大，其氧气与乙炔的体积比为 $\alpha > 1.2$，一般在 $\alpha = 1.3 \sim 1.7$ 范围，氧化焰燃烧后尚有过剩的氧气。

由于氧化焰在燃烧过程中氧气的浓度比较大，氧化反应比较剧烈，同时焰心、内焰、外焰都缩得较短，焰心和内焰几乎重合，氧气的比例愈大，则整个火焰愈短，所以轮廓也不太明显，氧化焰燃烧时最高温度可达 3500℃ 左右。

氧化焰所需的氧气较多，在焊接作业时，会使熔化的金属氧化以及金属中的合金元素烧损，致使焊缝产生气孔和金相组织改变而变脆硬。因此在焊接钢件时很少采用，在焊接黄铜、青铜等材料时一般使用轻微的氧化焰。

（五）锡钎焊

1. 锡钎焊的原理和特点

（1）锡钎焊的原理

锡钎焊（除火焰钎焊外），一般情况下就是利用烙铁的烙铁头，用积聚的热能量来熔化焊料。操作时将热烙铁挂锡后，接触焊件的焊缝，在加热钎焊处的同时将焊锡流向焊缝之中进行填充衔接，从而完成工件的焊接。

（2）锡钎焊的特点

锡钎焊在焊接时，必须依靠焊剂的辅助功能，方可完成施工作业。由于锡钎料的熔点较低，焊件的应力与变形非常小，所以适应超薄板、仪表、易熔金属和尺寸精度要求较高的焊件焊接。

（3）锡钎焊的分类

锡钎焊料又可划分为锡基钎料、铅基钎料，含锡量高，活动性好；含铅量高，硬度大、强度高。一般含铅量高于 10% 焊料，不能用于食用器皿的焊接。否则，铅含量大时，易引起人身中毒。

2. 锡钎焊料

锡钎焊料的选用，都有一定的技术要求，牌号不同，其成份、用途也有区别，一般在焊接之前，应根据焊件的质量要求以及用途来选用。

如果牌号不明，可依据颜色来判断，颜色越白越亮，表示含锡量就越高；反之，颜色越灰暗，则表示含铅量越高。如果锡焊料是条状体，可通过物理方法进行判断，一般锡焊量高的，弯曲时较柔并发出清脆的细碎响声。好的锡钎焊料表面无气孔，无夹渣，晶体细小，颜色均匀一致，断面检查与外表无二。

某品牌锡钎焊料相关参数和用途见表 8-5。

表 8-5 某品牌锡钎焊料相关参数和用途

型号	熔点/℃	密度/g/m3	主要用途
63%（sn63/pb37）	183～190	8.4	需要低温焊接或要求流动性好；广泛用于家电、通讯、计算机、仪表、等高精度线路板的焊接及其他电子产品
63A（sn55/pb45）	183～203	8.7	
1#（sn50/pb50）	183～216	8.9	用于仪器、仪表、汽车水箱、铜铁器皿、电缆、铅管之防漏
2#（sn45/pb55）	183～227	9.1	
3#（sn40/pb60）	183～238	9.3	
4#（sn35/pb65）	183～247	9.5	用于焊接灯头、保险管等，也可用于仪器、仪表的焊接
5#（sn30/pb70）	183～255	9.7	

说明："sn63/pb37"表示含锡量为63%，含铅量37%。

3. 锡钎焊剂

锡钎焊剂的种类很多。锡钎焊接时，可根据不同材质的工件，针对各类钎剂作用与性能等特征，进行选用。

氯化锌溶液是锡钎焊作业中最常用的一种钎剂，在化工店可以购买，也可以自己配制。制作方法：把盐酸倒入玻璃瓶内（注意切不可用金属器皿盛装盐酸），不断地加入锌块（一般用废电池的外壳锌皮代替），反应至不冒气泡为止，如果冒气泡就继续投放锌块。焊接铜质工件时，配制的氯化锌溶液需加入50%的清水稀释使用；如焊接钢质工件时，配制的氯化锌溶液只需加30%的清水稀释即可使用。

稀盐酸可以直接作为镀锌铁皮的钎剂使用，如果是浓盐酸，在使用时根据工件材质的需要，适当加入清水稀释即可使用。

焊锡膏是由74%的石油胶、20%的无水氧化锌、5%的氯化铁以及1%的水等成份配制，但焊锡膏具有腐蚀性，在焊接完工后应及时将焊接区残存的药膏清除。

松香用作钎剂虽然能溶解氧化物，但作用比其他钎剂小，一般用于仪表、无线电等精密零件的焊接，可以直接使用，也可以将松香溶化在酒精内使用。溶化方法：在一个小铁盒内倒入酒精后，用火点燃，将已敲成粉末的松香洒入其中，待粉末溶化为膏状时，吹灭火焰即可。

三、设备、工具和材料准备

- 气体保护焊机、100%Ar保护气体、氧乙炔气焊设备及氧气和乙炔气体、电烙铁。
- 工作帽、焊接防护面罩、焊接眼镜、焊接口罩、面罩、工作服、皮围裙、焊接皮手套、皮手套、棉手套、防溶剂手套、皮护腿、安全鞋等。
- 焊接钢板若干，规格0.8～1mm冷轧钢板。
- 皮带式研磨机、大力钳、克丝钳、钢丝刷、锉刀、台虎钳及工作台、螺丝刀等。
- S211硅青铜焊丝、S221锡黄铜焊丝及焊剂、锡焊丝及焊锡膏等。
- 砂纸等研磨材料、清洁布、除油剂。

四、技术标准及要求

母材接合面必须是板厚的 3 倍以上，钎焊焊缝应连续一致，确保钎焊料填满间隙。

进行破坏性试验检查要求为：分离钢板后检查流入的钎焊料形成的接合部位的宽度，确保接合部位的宽度至少为钢板厚度的 3 倍。

五、钎焊操作步骤

（一）电弧铜焊操作步骤

电弧铜焊的一般用于搭接焊，具体步骤同任务 3，只是焊接手法改成左焊法（又叫前进法）。

（二）黄铜火焰钎焊操作步骤

1. 安全防护

穿戴好工作帽、焊接眼睛、面罩、焊接口罩、工作服、皮围裙、皮手套、皮护腿、安全鞋等安全防护用品。

2. 清洁除油

清除焊接部位的锈蚀、污物和油污，如图 8 - 16 所示。

3. 施涂焊剂

在钢板的接触面上施涂焊剂，如图 8 - 17 所示。确保焊剂均匀施涂在钢板的接触面上，焊剂的施涂宽度应为 10 ~ 15mm。

注意：使用含焊剂的焊料时不必施涂焊剂。

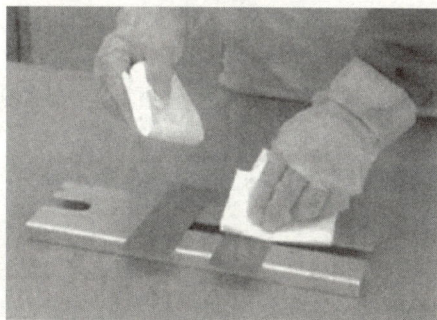

图 8 - 16　清洁除油

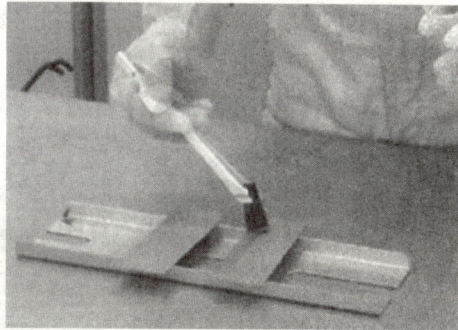

I 图 8 - 17　施涂焊剂

4. 固定钢板

将上钢板放在下钢板上，并使下钢板的焊剂露出 2 ~ 3mm，如图 8 - 18 所示。用大力钳固定钢板两侧，如图 8 - 19 所示。

固定钢板的要求是：钢板未紧密接触。如果钢板紧密接触，焊料就无法流进钢板之间的间隙，导致焊接强度降低。下钢板上露出的焊剂可改善焊料与钢板之间的接合度。

由于铜焊材料仅熔化于母材表面，所以铜焊接合面积的大小就非常重要。铜焊时，母材接合面必须是板厚的 3 倍以上。铜焊常用的接合方法如图 8 - 20 所示。

图 8 - 18　下钢板焊剂漏出 2 ~ 3mm（A：2 ~ 3mm）

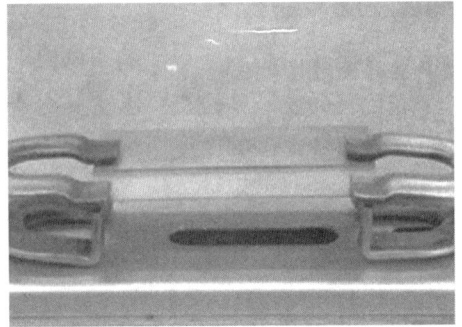

图 8 - 19　大力钳固定钢板两侧

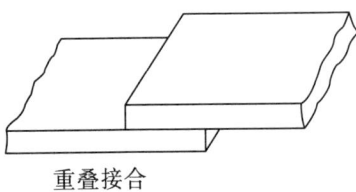

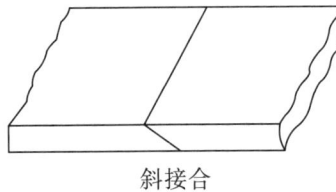

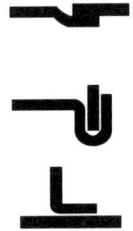

重叠接合　　　　　　　　斜接合

图 8 - 20　铜焊常用的接合方法

5. 准备氧乙炔气焊设备

准备并调整焊机，步骤如下：

（1）检查乙炔气的量并调节流量，如图 8 - 21 所示。

（2）检查氧气量并调节流量，如图 8 - 22 所示。

（3）确保喷烧器孔内无阻塞或变形并安装焊枪，如图 8 - 23 所示。

（4）检查焊枪是否有气体泄漏。在焊枪与软管的接头部位及软管上喷洒漏气检测剂，如图 8 - 24 所示，检查是否有气泡，如有气泡形成则有泄漏。

要求：确保气体流量调整适当，确保无气体泄漏。

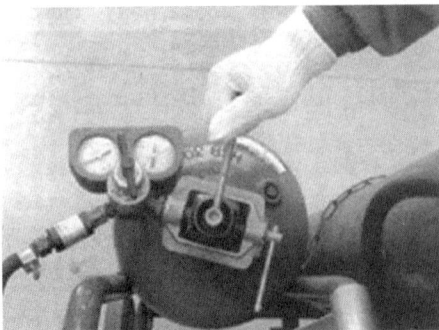

图 8 - 21　检查乙炔气的量并调节流量

图 8 - 22　检查氧气量并调节流量

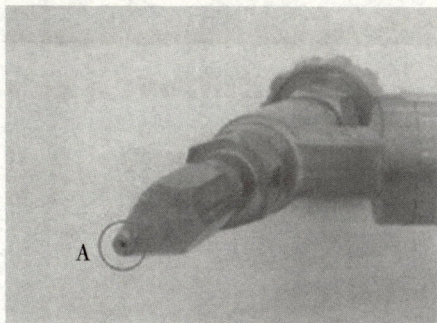

图 8 - 23　检查喷烧器孔图

8 - 24　喷洒漏气检测剂检测是否有泄漏

6. 调整火焰

将火焰调整成碳化焰，步骤如下：

（1）将焊枪上的乙炔阀旋转 180 度，并略微打开氧气阀。

（2）用专用点火器点燃焊枪，逐渐打开焊枪上的氧气阀以调整火焰。

（3）将白色焰心的长度调整为约 3mm，如图 8 - 25 所示，然后逐渐关闭焊枪上的氧气阀，形成碳化焰。火焰的组成如图 8 - 26 所示。

注意：①氧化焰会产生大量的热，可能导致钢板熔化或氧化；②氧气不足将导致乙炔焰锥变为橘红色并在钢板上留下大量炭黑；③火焰熄灭时，先关闭氧气阀再关闭乙炔阀。

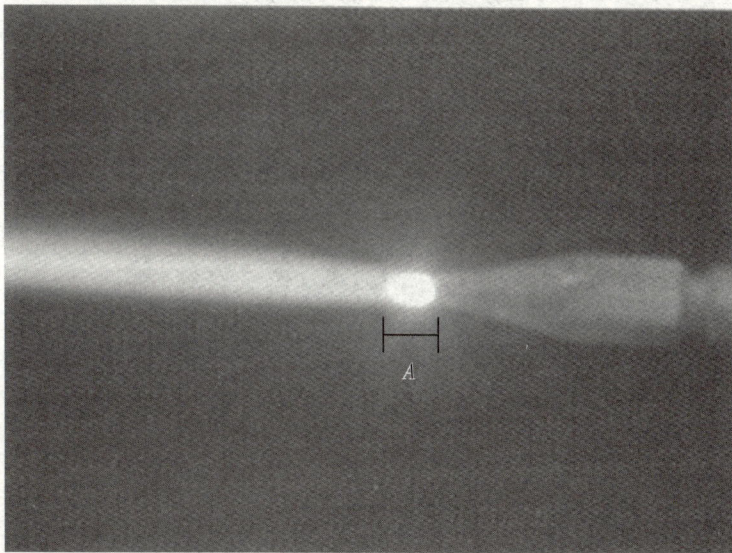

图 8 - 25　白色焰心的长度调整为约 3mm（A：3mm）

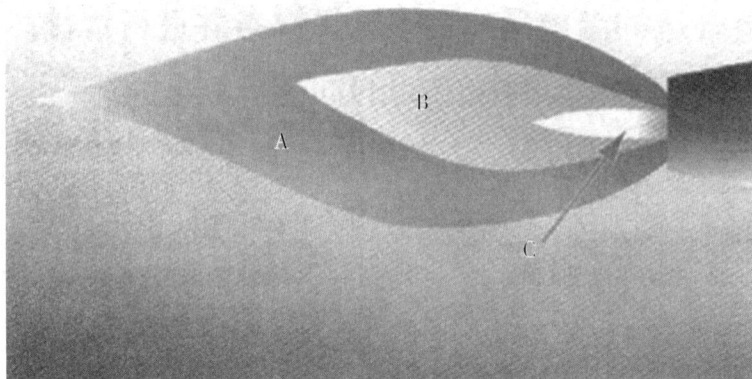

图 8 - 26　火焰的组成

A—外焰 B—乙炔焰锥 C—白色焰心

7. 加热接合部位

将接合部位加热至钎焊料熔化的温度。均匀加热接合部位，如图 8 - 27 所示。加热接合部位，直到焊剂变白，然后变成透明的浆状。如果使用含焊剂的钎焊条时，将钢板加热至黄红色（温度为 800℃ ~1000℃ 时）

注意：由于上钢板极易升温，应重点加热下钢板（距上钢板边缘约 1mm 处）；为避免钢板变形，请勿加热无需加热的部位。

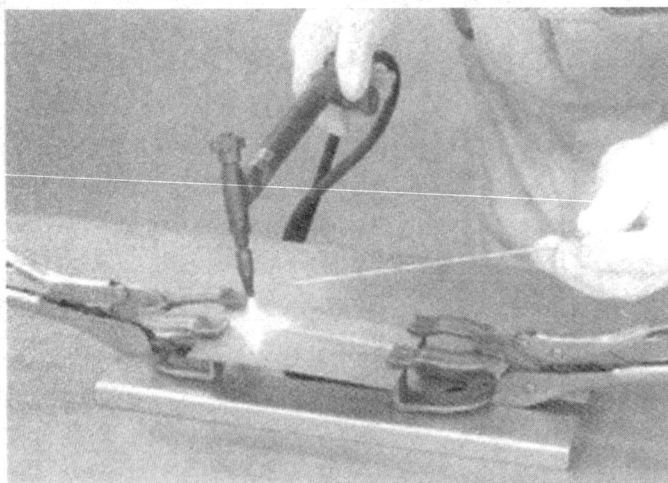

图 8 - 27　均匀加热接合部位

8. 焊接

进行焊接，步骤如下：

（1）将钢板加热至合适的温度后，熔化钎焊焊条并进行焊接，如图 8 - 28 所示。

（2）继续操作，使钎焊料流入钢板之间的间隙。焊好后的铜焊缝如图 8 - 29 所示。

注意：要间隙的添加钎焊料，以免熔化过多。

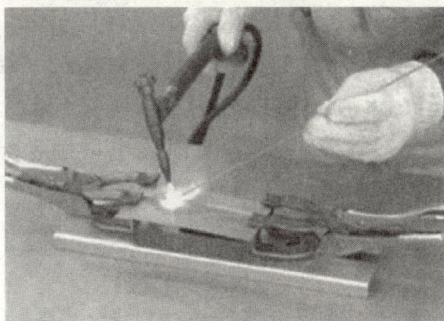
图 8-28　实施焊接

图 8-29　焊好后的铜焊缝

9. 清洁和评估

清洁钎焊部位并检查接合状态，步骤如下：

（1）吹气冷却钎焊部位。

（2）用钢丝刷、砂纸或类似物品清除焊剂和氧化膜，如图 8-30 所示。

（3）检查接合状态。

（4）分离钢板并检查流入的钎焊料形成的接合部位的宽度，确保接合部位的宽度至少为钢板厚度的 3 倍。

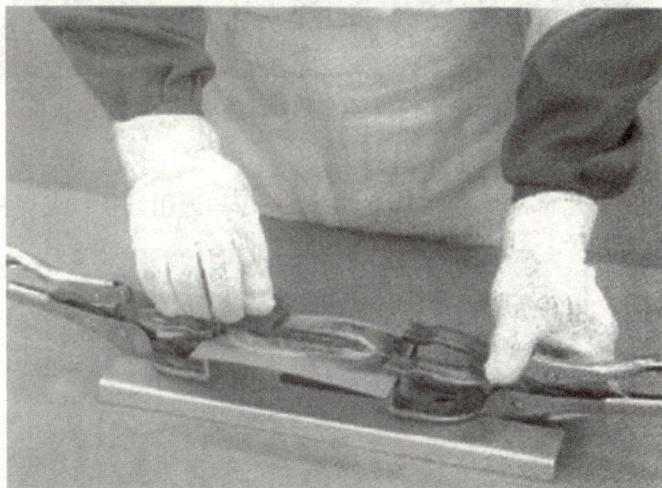
图 8-30　清洁钎焊部位

（三）激光铜焊车顶盖的更换（锡钎焊的应用）

对于原厂采用激光铜焊的顶盖，汽车维修企业以前采用的电阻点焊和气体保护焊连接技术已无法适用，因顶盖与侧面搭接宽度已不到 1mm，修理时已无法实施电阻点焊或气体保护焊的填孔焊，所以修理更换时必须采用新的连接技术代替。

可以用锡焊缝代替原厂的激光铜焊缝，从焊接强度方面考虑，铜焊的强度要高于锡焊。但修理企业在顶盖处实施铜焊比较困难，如使用黄铜钎焊，火焰加热会会由于金属的热传导作用而破坏周围的涂层，现代轿车修理此种方法现在已不建议使用；MIG铜焊的焊接热量较大，焊接长焊缝容易导致薄板件顶盖变形。因此用锡焊代替原厂激光铜焊是可行的方法，在连接强度方面，顶盖的连接强度主要靠与顶盖横梁的粘结和顶盖前后部与顶盖横梁的塞焊或电阻点焊保证，因此顶盖侧焊缝的连接强度与原厂相比要低些但对顶盖的整体连接强度影响不大。另外，激光铜焊的顶盖也可用粘结法连接。

用锡钎焊连接的步骤如下：

1. 车顶板的拆卸

步骤 1：磨除车顶前部的焊点，如图 8 - 31 所示。通用设备：点焊钻头

图 8 - 31　车顶前部的焊点

步骤 2：磨除车顶后部的焊点，如图 8 - 32 所示。通用设备：点焊钻头。

图 8 - 32　车顶后部的焊点

步骤 3：把车顶从两边切开，如图 8 - 33 所示。

通用设备：气动车身锯。注意：当进行切割时，请谨慎避免损坏到车身内部零件。

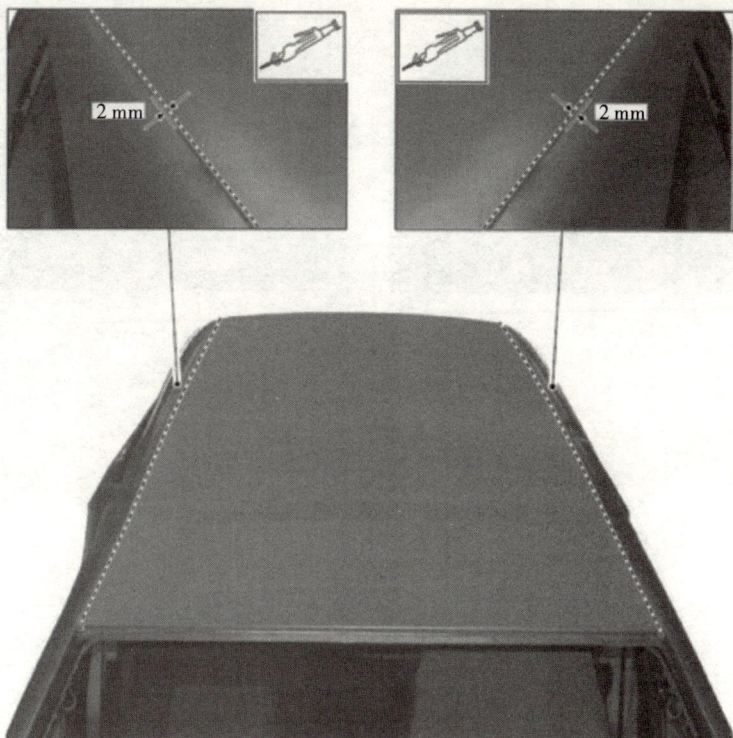

图8-33 切割线

步骤4：从外部加热（大约170℃）粘胶区域，如图8-34所示。使用设备：热风枪。

图8-34 加热粘胶区域

步骤5：磨除两边侧壁凸缘的毛刺，如图8-35所示。

注意：研磨时不要损坏侧壁板，金属钣金件的材料厚度约0.7mm。

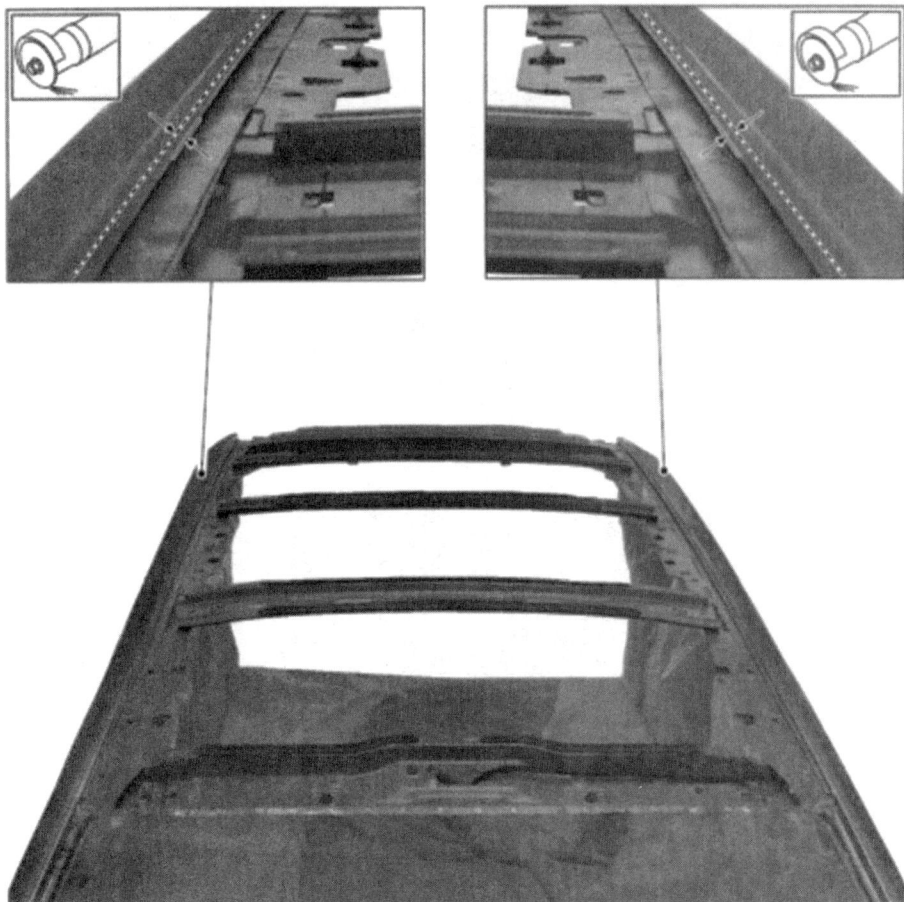

图 8 - 35　磨除两边侧壁凸缘的毛刺

步骤 6：清洁和侧壁相接处的区域，如图 8 - 36 所示。

注意：使用纤维研磨圆盘砂布或研磨纸完全清洁侧壁板的接触区域，必须清除所有的激光焊缝和喷涂残留物。

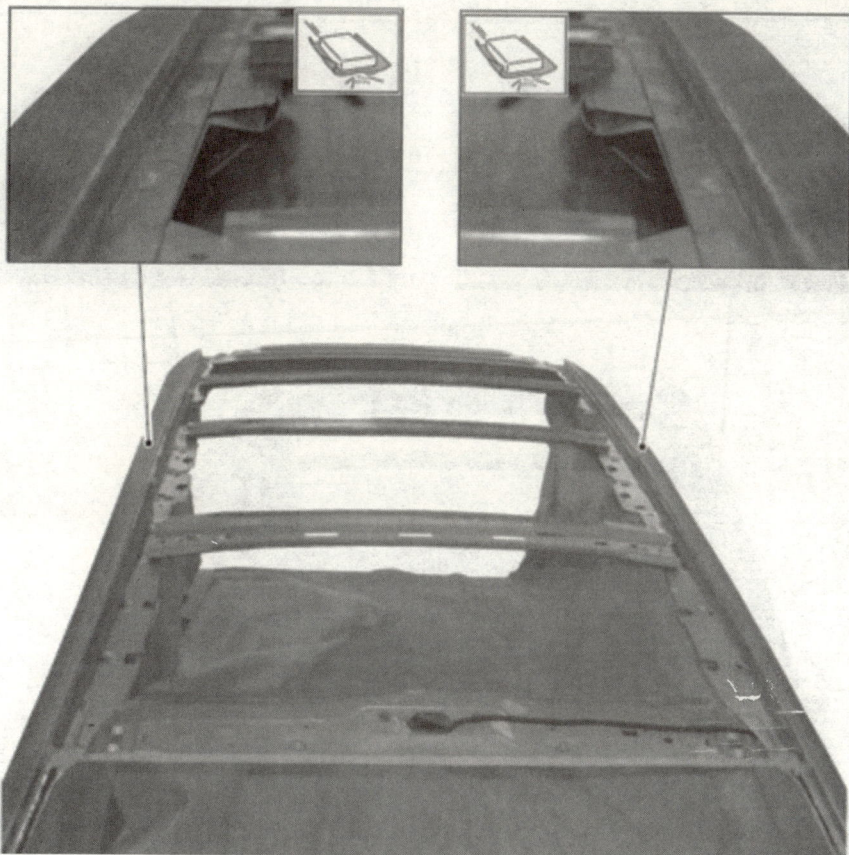

图 8 – 36　清洁和侧壁相接处的区域

2. 车顶板的安装

注意：在对总厚度为 3mm 及以上的车身板件进行电阻点焊前，应遵守制造商的焊接设备说明书与标准流程操作。

步骤 1：与顶盖接触边镀锡防护，如图 8 – 37 所示。

在焊接时为了确保必要的防锈保护和确保完全的焊牢，侧壁板的接触面首先要进行镀锡防护。同时，相邻的水平侧壁面也需要进行镀锡防护，厚度最少为 8mm。镀锡防护之后，必须小心的清除接触面上的流体杂质。把锡贴粘到侧壁上，使用一块干净的湿布进行加热和清洁。

通用设备：热风枪。

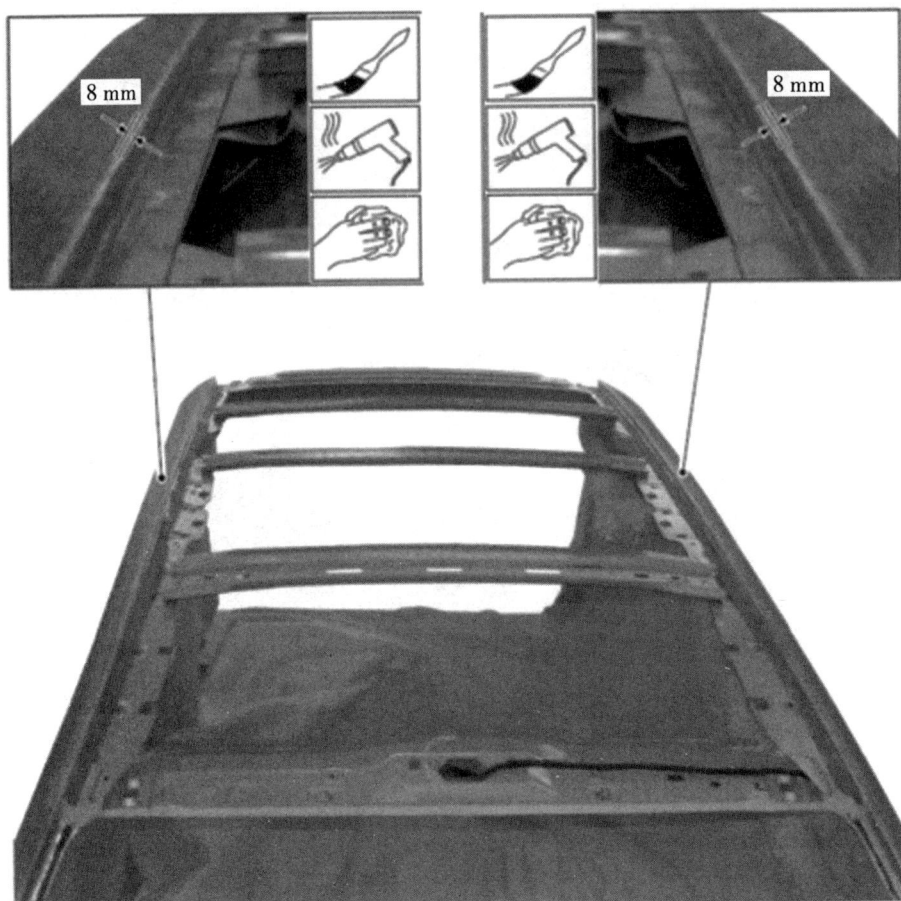

图 8 - 37　与顶盖接触边镀锡防护

步骤 2：清洁新件车顶两边的区域，如图 8 - 38 所示。

注意：使用纤维研磨圆盘砂布或研磨纸彻底的清洁车顶两边的区域。

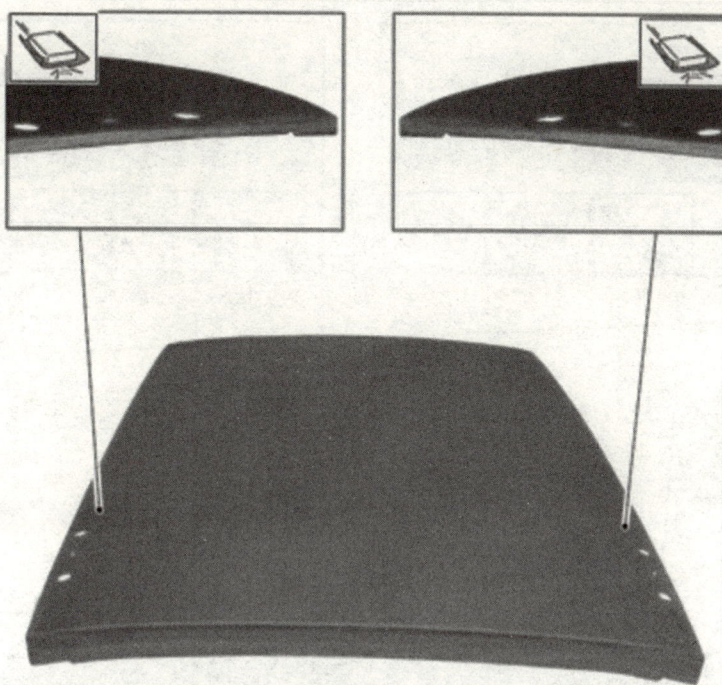

图 8 - 38　清洁新件车顶两边的区域

步骤 3：顶盖侧边镀锡防护，如图 8 - 39 所示。

在焊接时为了确保必要的防锈保护和确保完全的焊牢，车顶两边的接触面首先要进行镀锡防护。同时，相邻的水平侧壁面也需要进行镀锡防护，厚度最少为 8mm。

注意：镀锡防护之后，必须小心的清除接触面上的流体杂质。把锡贴粘到侧壁上，使用一块干净的湿布进行加热和清洁。

通用设备：热风枪。

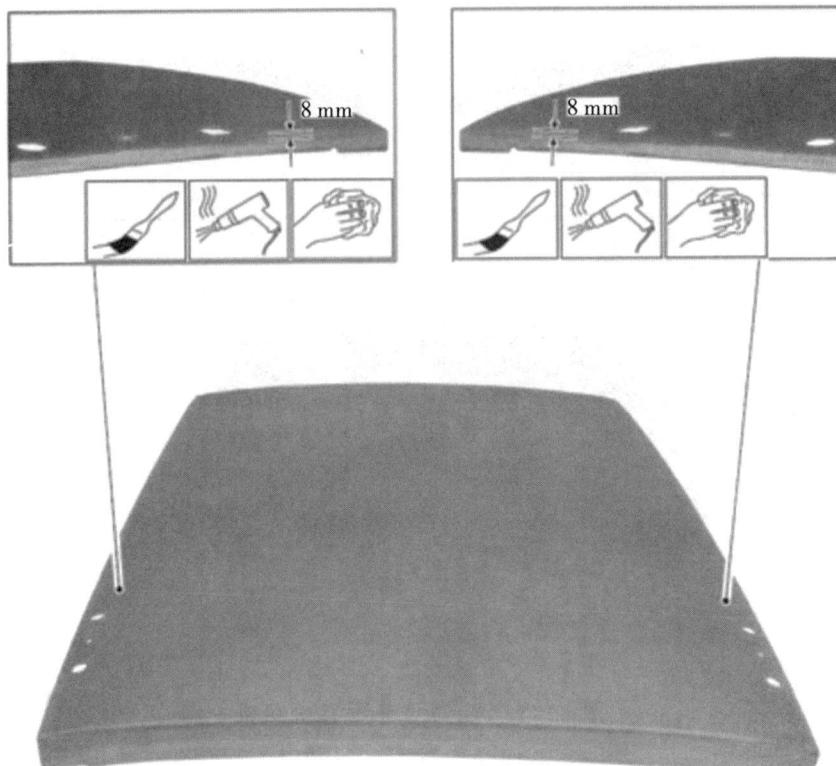

图 8 - 39　顶盖侧边镀锡防护

步骤 4：在车顶的后部进行熔焊钻孔，如图 8 - 40 所示。通用设备：8 mm 钻头。

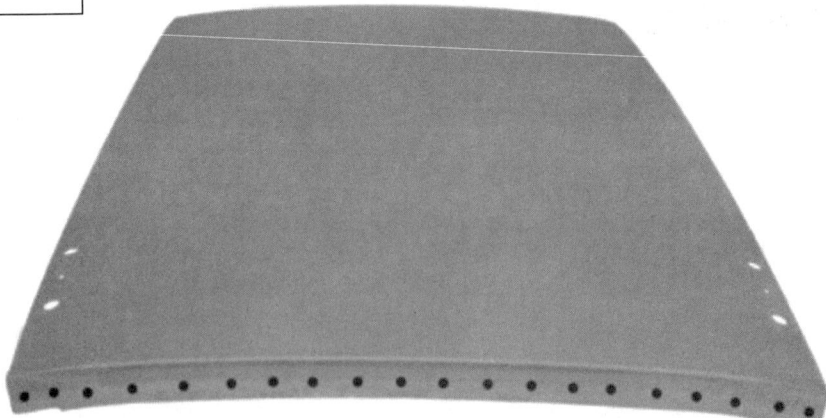

图 8 - 40　车顶后部钻孔

步骤 5：清除车顶导轨内的任何粘结剂残留物，如图 8 - 41 所示。通用设备：抹刀。

108

图 8-41 清除车顶导轨内的任何粘结剂残留物

步骤6：在车顶导轨和车顶横梁两边涂抹防锈底涂，如图 8-42 所示。

图 8-42 车顶导轨和车顶横梁两边涂抹防锈底涂

步骤7：放置隔块，如图 8-43 所示。

注意：为确保车顶准确定位，必须放置软木块或相似材料的隔块在车顶纵梁上。隔块的高度必须能支撑车顶定位。

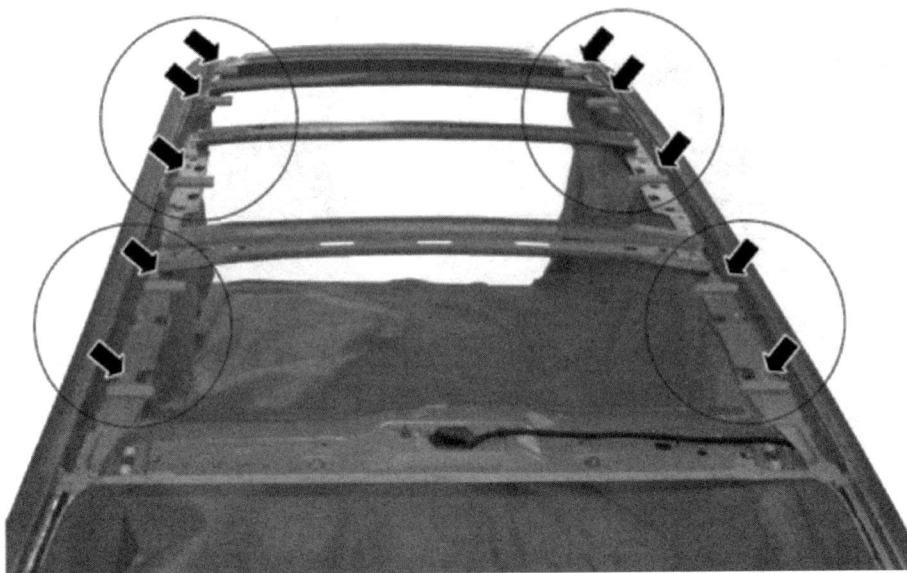

图 8 - 43　放置隔块

步骤 8：使角部区域向内成一定的角度，如图 8 - 44 所示。

注意：如果车顶开口误差不合适，使用锤子和铆头型工具轻轻的敲打在车顶前后两端的角部区域向内部成一定的角度。

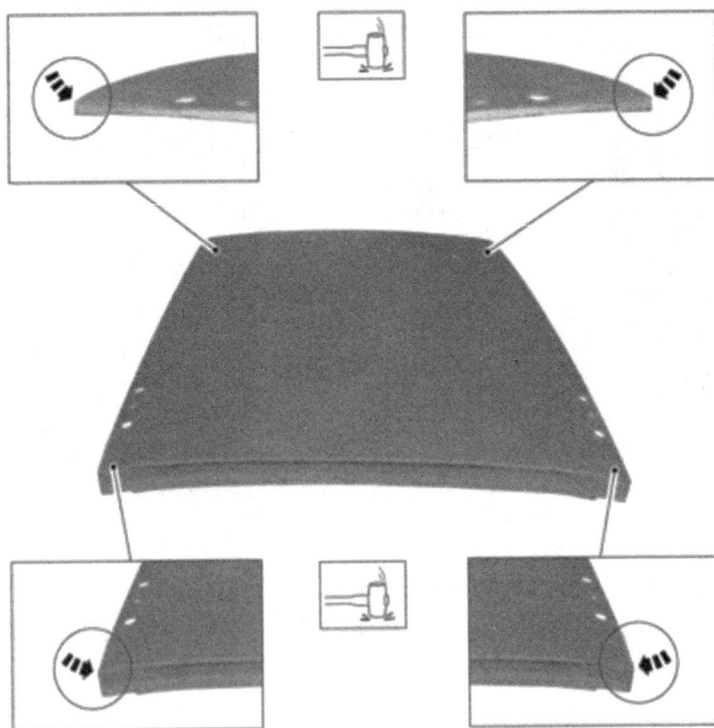

图 8 - 44　使角部区域向内成一定的角度

步骤9：通过加载的方式调整车顶开口，如图8-45所示。

在车顶边缘钻孔，使用挡风玻璃切割线（相似的线）和螺纹轴通过加载向内拉伸车顶。

注意：如果车顶开口误差不合适，通过加载的方式拉伸车顶两边的区域。

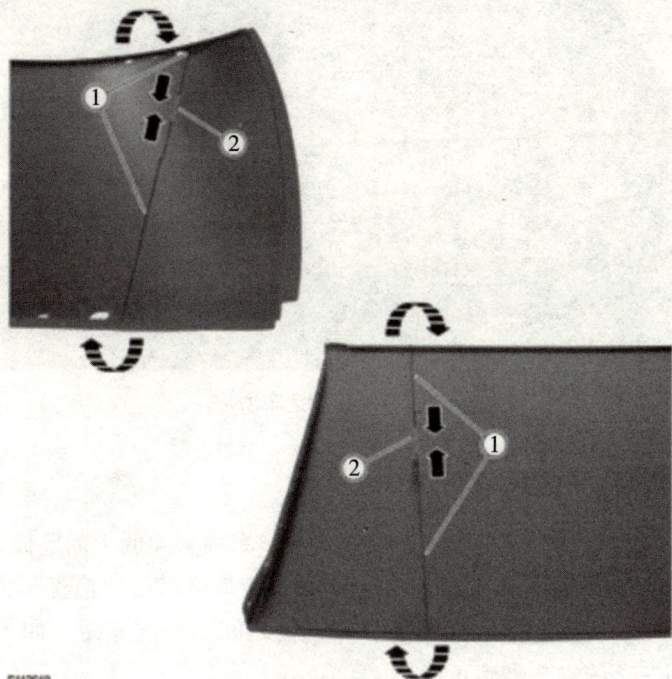

图8-45 调整车顶开口

步骤10：固定车顶，如图8-46所示。

注意：为了确保车顶安装到正确的位置，车顶必须首先被固定在车顶导轨上，而不能使用粘结剂作为测试。车顶必须从前部①处固定，然后持续的向后②处和③处固定。禁止使用过大的力量否则会损坏车顶。

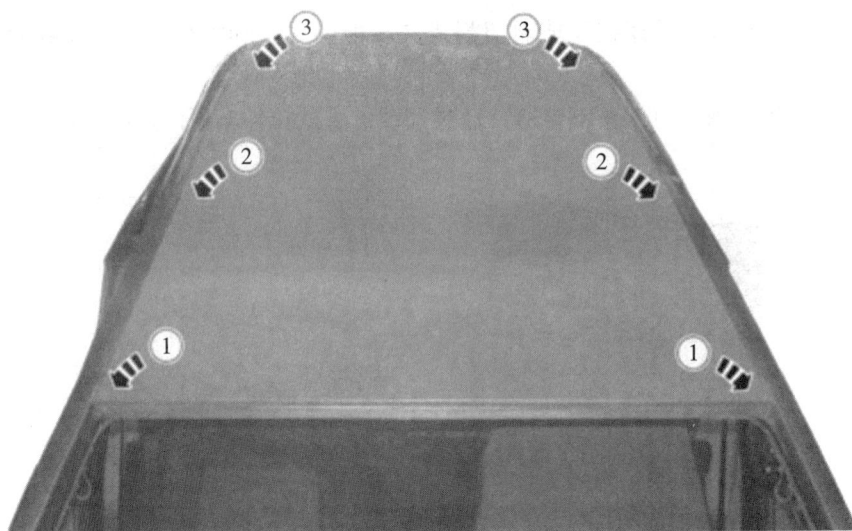

图 8 – 46　固定车顶

步骤 11：检查车顶的安装，如图 8 – 47 所示。

把磁性线带放在车顶边缘，检查车顶的安装。车顶必须低于侧壁板 3mm。

通用设备：磁带（3mm）。注意：使用磁性的线带可以帮助检查车顶的安装高度是否正确。磁性线带的厚度应该匹配车顶和侧壁板之间的高度差距。如果磁性线带和侧壁板持平，表明车顶的安装高度正确。

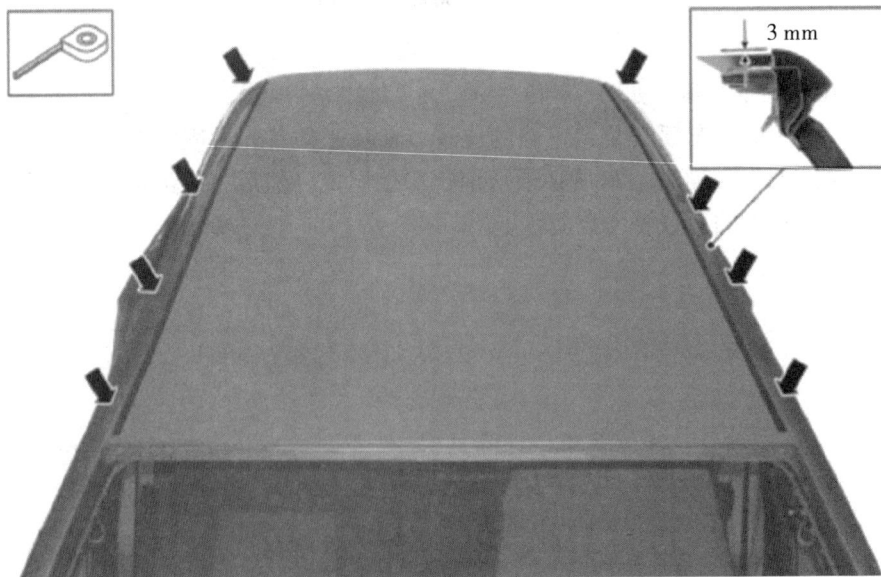

3 mm

图 8 – 47　检查车顶的安装

步骤 12：根据需要更换隔块，如图 8 – 48 所示。

注意：车顶的高度可以通过加装一块隔块进行调整。

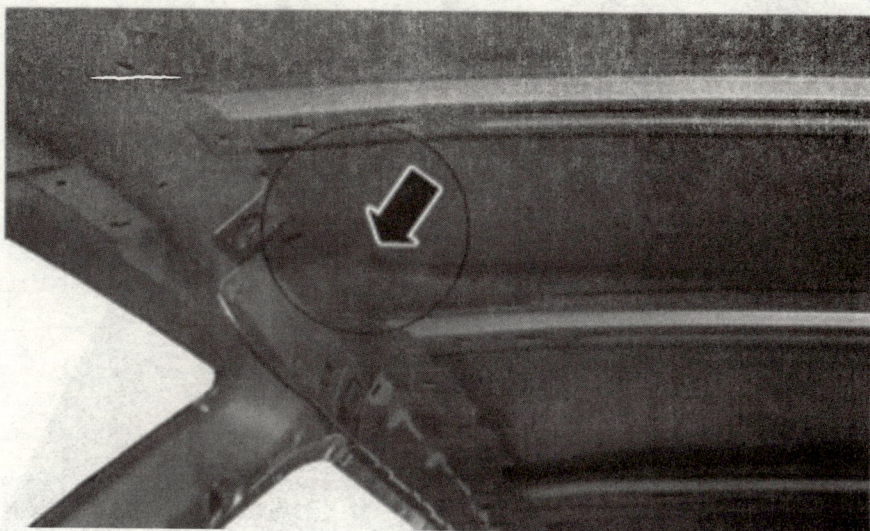

图 8-48　根据需要更换隔块

步骤13：当车顶安装在正确的位置，必须再次小心的移开，以便在车顶导轨上施胶。

步骤14：车顶导轨施胶，如图 8-49 所示。

材料：挡风玻璃粘合剂套装。

注意：为了确保完全粘合，PU 结构胶的施胶高度最低为 20mm。

图 8-49　车顶导轨施胶

步骤15：对车顶进行预固定。

步骤16：使用大力钳固定车顶的前后端到车架上，如图 8-50 所示。通用设备：大力钳。

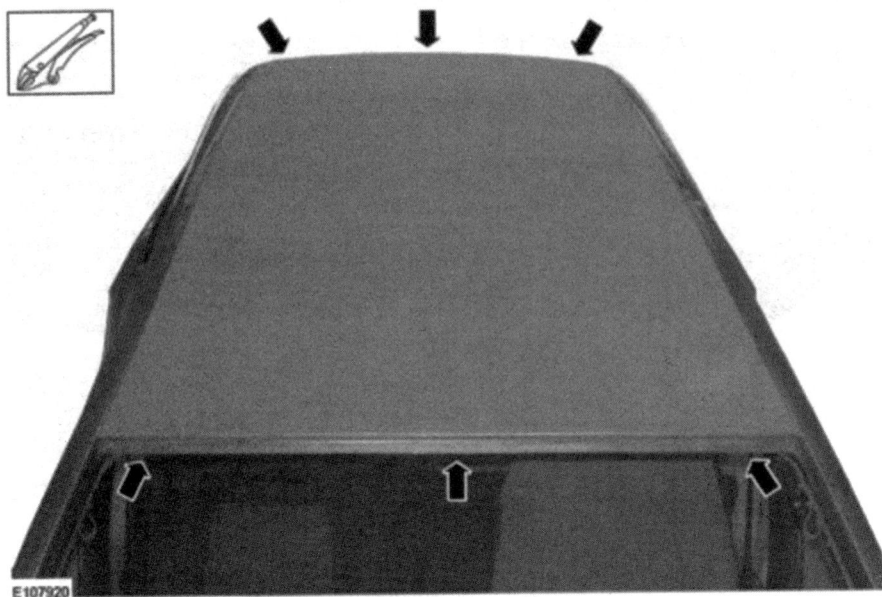

图 8 - 50　大力钳夹持位置为图中箭头处

步骤 17：使用烙铁每隔 30cm 到 40cm 进行定位焊，如图 8 - 51 所示。

通用设备：烙铁（300 W）。

注意：定位焊可以避免车顶从正确的安装位置移动。

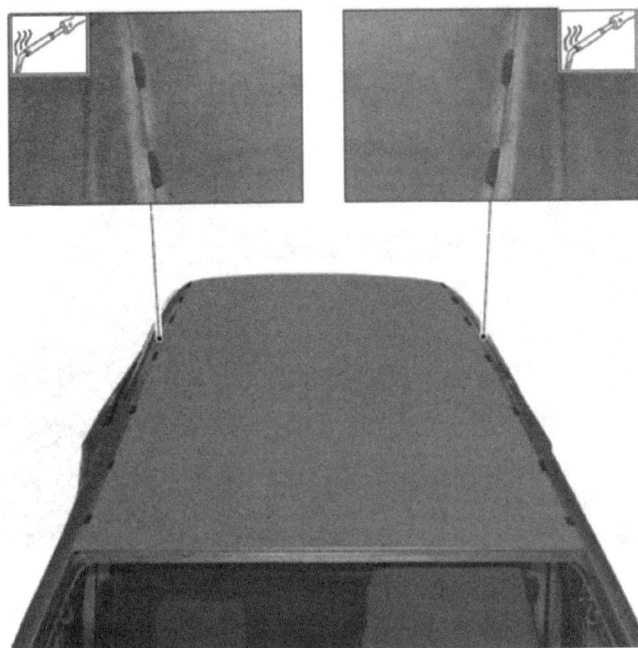

图 8 - 51　定位焊

步骤 18：使用烙铁和软焊丝持续的焊接车顶，如图 8 - 52 所示。通用设备：烙铁（300W）。

注意：当焊接时，必须确保足够的焊丝以保证足够填充焊缝接合处。

图 8-52 焊接车顶

步骤19：使用纤维研磨圆盘砂布或研磨纸磨平焊缝，如图 8-53 所示。

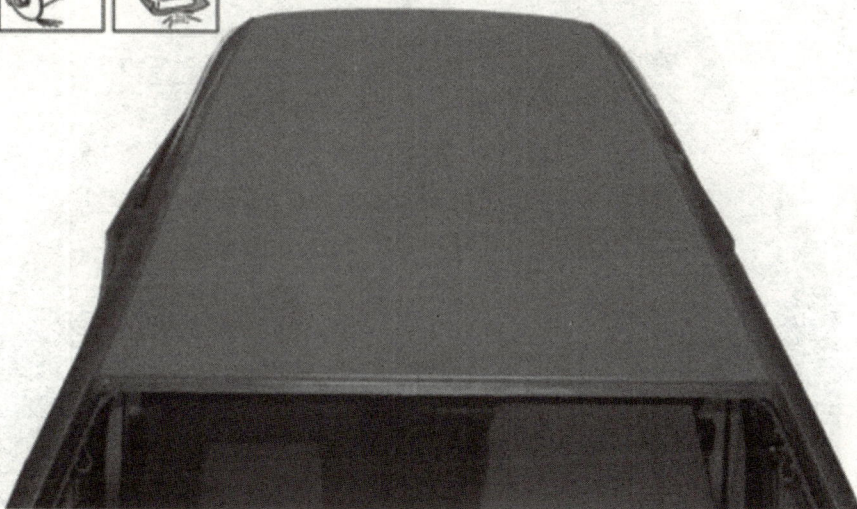

图 8-53 磨平焊缝

步骤20：车顶前部通过电阻点焊焊接，如图 8-54 所示。通用设备：电阻点焊设备。

图 8 - 54　车顶前部点焊

步骤 21：车顶后部填孔焊焊接，如图 8 - 55 所示。通用设备：气体保护焊机。

图 8 - 55　车顶后部填孔焊

步骤 22：拆下车顶盒侧壁边缘之间的隔块。

步骤 23：执行相关的防锈防护措施。

六、任务技能考核表

序号	考核内容		配分	评分标准	开和记录	扣分	得分
1	电弧铜焊搭接焊	焊件钢板准备	4	清洁除油、打磨焊件除锈、除杂质，必要时使用锤子修平			
			4	用大力钳固定钢板，确保搭接区域是钢板厚度的3倍			
		搭接焊操作步骤	4	通过试焊，调整合适的焊接参数			
			4	采用前进法焊接			
			4	采用分段焊接分段冷却的方式（建议每段10~20cm）			
		质量评估	20	焊珠形状规则、焊珠排列平直、熔深连续、焊缝宽度5~7mm、高度1~2mm、熔深1~3mm、无过多焊渣、无熔穿、无气孔，工件无扭曲变形			
2	黄铜火焰钎焊	焊件钢板准备	2	清洁除油、打磨焊件除锈、除杂质，必要时使用锤子修平			
			2	在钢板的接触面上施涂焊剂，焊剂的施涂宽度应为10~15mm			
			2	将上钢板放在下钢板上并使下钢板的焊剂露出2~3mm，并用大力钳固定钢板两侧			
		准备氧乙炔气焊设备	2	检查乙炔气的量并调节流量			
			2	检查氧气量并调节流量			
			2	检查焊枪是否有气体泄漏			
		调整火焰	2	火焰调整成碳化焰			
			2	火焰熄灭时，先关闭氧气阀再关闭乙炔阀			
		加热接合部位	2	均匀加热接合部位，直到焊剂变白，然后变成透明的浆状			
		进行焊接	2	将钢板加热至合适的温度后，熔化钎焊焊条并进行焊接			
		清洁钎焊部位	2	用钢丝刷、砂纸或类似物品清除焊剂和氧化膜			
		质量评估	18	焊缝应连续一致，确保钎焊料填满间隙。进行破坏性试验：分离钢板后检查流入的钎焊料形成的接合部位的宽度，确保接合部位的宽度至少为钢板厚度的3倍。			

续表

序号	考核内容	配分	评分标准	开和记录	扣分	得分
3	安全防护	10	工作服、工作鞋、工作帽、护目镜、耳塞、面罩、皮手套、焊接套装、焊接防护面罩、焊接口罩			
4	5S 及其他	10	全程 5S 保持、作业结束清洁工具、错误的工具使用方法、操作失误			
教师签字				年　　　月　　　日		

课后练习题

1. 名词术语

MIG 铜焊、润湿性、毛细管作、激光钎焊、铜钎焊、锡钎焊、焊剂、碳化焰、中性焰、氧化焰。

2. 判断题

（1）进行钎焊时，只能在汽车制造厂原钎焊的部位使用。　　　　　　（　　）

（2）进行钎焊时，考虑到工件的加热变形，可以不对工件加热。　　　（　　）

（3）钎焊一般用在车身立柱和门槛板连接处的焊接。　　　　　　　　（　　）

（4）钎焊过程中，工件和焊接材料熔融后结合在一起。　　　　　　　（　　）

（5）钎焊接头的搭接部位的宽度一般要大于金属板厚度的 3 倍。　　　（　　）

（6）铜钎焊时常用氧乙炔焊中的炭化焰来加热。　　　　　　　　　　（　　）

（7）进行钎焊时，母材被彻底清洁以后，须在焊接表面均匀地加上焊剂。（　　）

3. 选择题

（1）下列哪项不是车身上使用铜钎焊的原因？（　　　）

A. 产生高的焊接强度　　　　　　　B. 用在车顶的一些接缝处可以密封车身

C. 变形较小　　　　　　　　　　　D. 对锌涂层的腐蚀较低

（2）下列关于钎焊的描述不正确的是？（　　　）

A. 钎焊可将不相熔的两种金属结合在一起

B. 铜钎焊的密封性较好

C. 电弧铜焊对钣金的反面的涂层的破坏少

D. 现代些车型中使用 MIG 铜焊连接主要是为了保证钣金件间良好的密封性能

（3）下列关于 MIG 铜焊的描述不正确的是？（　　　）

A. 靠近现存的 MIG 铜焊焊缝的区域进行 MIG 焊时，对铜焊缝影响不大

B. 维修企业没有 MIG 铜焊设备时，非密封性的 MIG 铜焊接头可以被 MIG 焊代替

C. 焊枪行走采用前进法

D. 保护气体一般选用纯氩

（4）下列关于锡钎焊的描述不正确的是？（　　　）

A. 焊接过程中必须使用钎剂（焊剂）

B. 车顶的激光焊缝可以用锡钎焊代替

C. 锡钎焊的主要设备是电烙铁

D. 锡钎焊的强度比铜钎焊高

（5）混合气体中的乙炔含量略大于氧气的含量时将会产生哪种类型的火焰？（　　　）

A. 中性焰　　　　B. 标准焰　　　　C. 碳化焰　　　　D. 氧化焰

（6）广泛应用于金属焊接中的是？（　　　）

A. 碳化　　　　　B. 标准焰　　　　C. 中性焰　　　　D. 氧化焰

（7）氧乙炔焊枪移动太快会导致？（　　　）

A. 熔池太大　　　B. 金属上产生孔　C. 熔透性不好　　D. 所有上面的现象

（8）当更换或搬运氧气瓶时应该注意的安全事项是？（　　　）

A. 用钳子通过钢帽将其提起　　　　B. 确保气瓶是平放的

C. 戴上橡胶绝缘手套　　　　　　　D. 安装上保护用的安全帽

（9）气焊焊嘴的大小主要由什么决定？（　　　）

A. 操作者的偏爱　　　　　　　　　B. 母材的厚度

C. 母材的材料类型　　　　　　　　D. 焊丝直径

4. 思考题

（1）钎焊有哪些特性？

（2）现代轿车车身使用 MIG 铜焊的用途是什么？

（3）现代轿车部分车型车顶使用激光钎焊有什么好处？

（4）在车身维修时，原厂的钎焊缝用什么样的连接工艺代替？

（5）简述黄铜火焰钎焊的主要步骤与注意要点？

（6）怎样提高 MIG 铜焊的焊接质量？

（7）怎样提高黄铜火焰钎焊的焊接质量？

任务九

汽车车身铝合金板的粘结与铆接

学习目标

1. 熟悉车身铝合金板的主要连接方式。
2. 熟悉铆接的原理和方法。
3. 熟悉粘结的原理和方法。
4. 能完成铝合金车身板的铆接与粘结工作。

任务引入

铝合金材料刚开始主要用于高档车辆的外板件，随着铝合金材料相关技术的不断完善，现用于内板件，甚至出现了全铝车身。奥迪 A8 的全铝车身结构如图 9 – 1 所示。

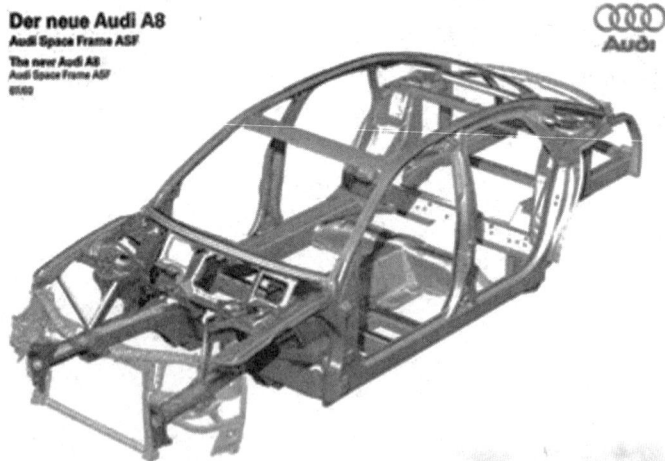

图 9 – 1 奥迪 A8 的全铝车身结构

由于铝合金具有高导热率，由电流和接触电阻产生的热量会迅速分散。这意味着点焊不适合用于铝合金板件的焊接。所以，铝合金车身制造过程中常用粘结或粘结、铆接共用的方式，如图 9 – 2 所示。在车身维修作业中，铝车身板件的切割更换作业应使用与原厂一致的连接方式，所以在车身维修作业中，会用到铝合金板的粘结和铆接作业。

图 9-2　某铝合金车身粘结和铆接共用的连接图

一、车身铝合金板件的粘结和铆接

粘结和铆接方法如图 9-3 所示，铆接工艺的基本流程为：定位→夹紧→确定孔位→制孔→去毛刺→清除切削→涂胶→放铆钉→施铆。

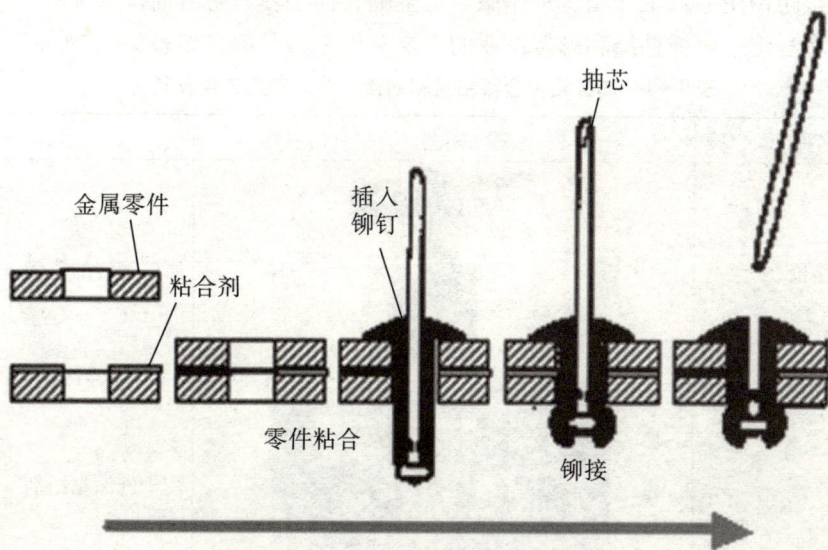

图 9-3　铝合金板粘结和铆接的方法

1. 铆接的技术要求

铆钉头应贴紧零件表面，铆钉不应有切痕等损伤，铆钉镦头一般应为标准镦头，标准镦头呈鼓形。铆钉镦头尺寸要求如下：

$h_{\min} = 0.4d$

当 $d \leqslant 5$ 时，$D = (1.5 \pm 0.1)d$；

当 $d > 5$ 时，$D = (1.45 \pm 0.1)d$。

其中：$h_{\min}$ – 镦头最小高度，d – 铆钉直径，D – 墩头直径。

镦头不允许有切痕、下陷、裂纹和其他损伤。

2. 制孔的工艺方法：钻孔、冲孔、铰孔

根据工件特点、孔径大小选钻孔工具；一般应从张度大、厚度高的一面钻孔；铆钉直径不大于 3.5mm 时，应先钻小孔，然后用钻头扩孔，小孔直径为铆钉直径的 0.6~0.8 倍；使用比铆钉孔直径大，顶角为 120°~160°钻头或专用工具去孔边毛刺；根据被加工材料选择钻头锋角。

3. 制孔的工艺要求

不同直径铆钉的铆钉孔偏差是不一样的；铆钉孔的椭圆度应在铆钉孔直径偏差之内；铆钉孔的不垂直度要满足要求；不允许铆钉孔有棱角、破边、裂纹等；铆钉孔表的毛刺应清除；铆钉孔的表面粗糙度不大于 6.3hm。

二、设备、工具和材料准备

- 承载式铝合金车身以及车身内板件等配件，或用 2~3mm 厚的铝合金板代替。
- 常用拆装工具。
- 铝合金车身粘结和铆接的专用工具及耗材。
- 安全防护用品：工作帽、工作服、安全鞋、棉手套、防溶剂口罩等。

使用车身铝合金板粘结和铆接作业的主要专用工具及耗材如表 9-1 所示。

表 9-1　车身铝合金板粘结和铆接作业的专用工具及耗材

名称	图例	作用
气动拉铆接枪		原厂铆钉的拉铆
电动胶枪		用于施涂粘结剂

名称	图例	作用
粘结剂及粘结工具组件		粘结工具组件用于板件施涂粘结剂之前的清洁处理

三、技术标准及要求

粘结和铆接强度和防锈符合原厂技术要求。

四、铝合金板件的粘结和铆接操作步骤

下面以铝合金车身前纵梁前端部分割更换为例，介绍其铝合金板件的粘结和铆接操作步骤。

- 查找维修手册确定分割线，并用气动锯切割，如图9-4所示。

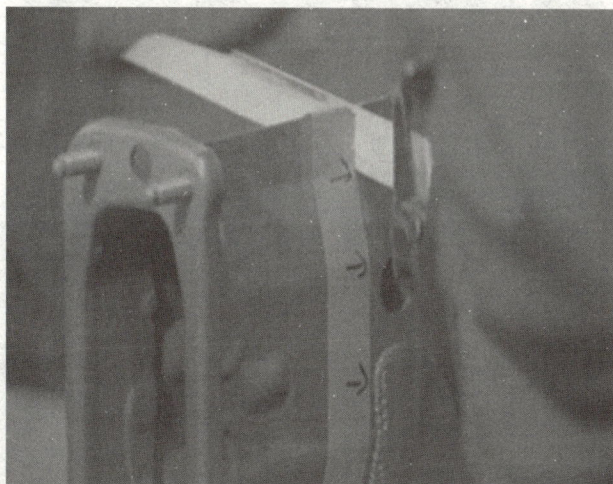

图9-4　确定分割线并切割

- 将切割后的车身侧板件进行敲平、打磨、清洁，做好连接前的准备工作。
- 在新件上确定好分割线并切割，图9-5所示。

图9-5　新件分割

· 装入插入件（图9-6所示）、新件并做好定位工作，并标志定位线。

图9-6　装入插入件

· 拆下新件、插入件，做好清洁工作。在插入件的每个面施涂粘结剂（图9-7），
并刮平（图9-8）。

图9-7　插入件施涂粘结剂

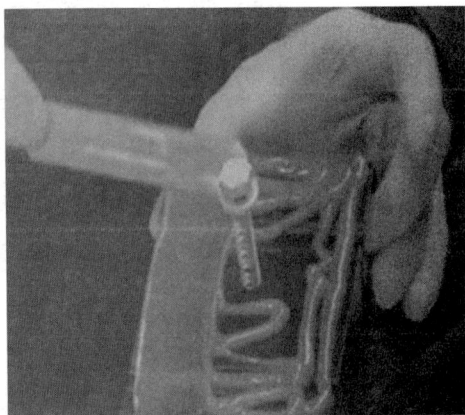

图9-8　粘结剂刮平

● 插入插入件、新件，如图 9-9 所示，并按照的前面的定位标志做好定位工作。

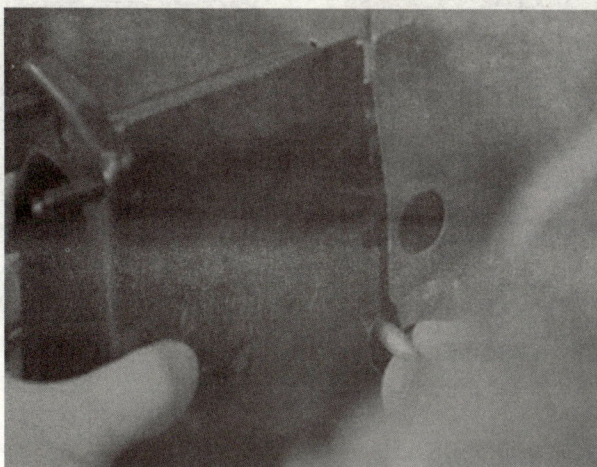

图 9-9　插入件和新件并定位

● 松开插入件固定螺栓（如图 9-10），使插入件膨胀与四周接触。

图 9-10　松开插入件固定螺栓

● 将接缝处溢出的粘结剂刮平。
● 在接缝两侧钻用于铆接的孔（如图 9-11），并插入铆钉进行铆接（如图 9-12）。

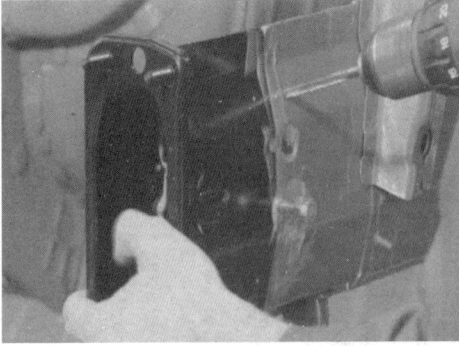

图 9-11　在接缝两侧钻孔

图 9-12　插入铆钉并铆接

- 拆除插入件上的定位螺钉（图 9-13）。
- 等粘结剂完全固化后，进行防腐涂装等作业。

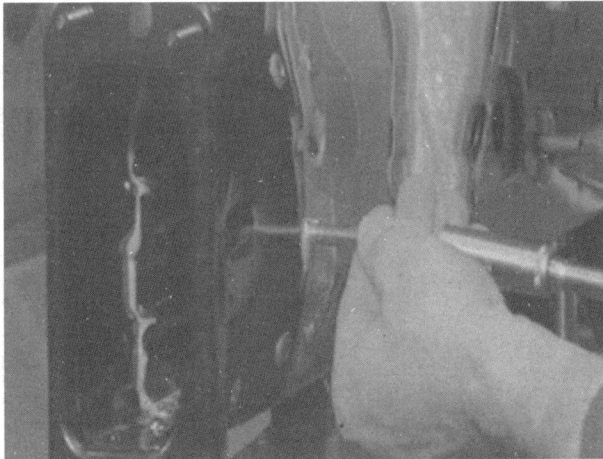

图 9-13　插入铆钉并铆接

五、任务技能考核表

序号	考核内容	配分	评分标准	考核记录	扣分	得分
1	前纵梁前端的拆卸与分割	10	分割部位和尺寸选择不当扣5分；切口不整齐扣5分			
2	新件的分割	10	分割部位和尺寸选择不当一次扣10分；切口不整齐扣5~10分			
3	定位工作	10	定位过程中，程序不规范一次扣5分；夹具使用不当一次扣2分；定位结果与标准有差距的扣2~5分			
4	粘结前的准备工作	15	车身侧板件未打磨、清洁扣5分；插入件未清洁扣5分；待安装的板件未打磨、清洁扣5分			
5	插入件施涂粘结剂	10	施涂不到位的扣5分；未抹平的扣5分			
6	铆接作业	25	钻孔不规范的扣5分；铆接不规范一次扣5分；未将接缝处粘结剂刮平扣5分			
7	安全防护	10	工作服/工作鞋/工作帽/护目镜/耳塞/面罩/防溶剂口罩/皮手套/防溶剂手套			
8	5S及其他	10	全程5S保持/作业结束清洁工具/错误的工具使用方法/操作失误			
教师签字				年	月	日

说明：以前纵梁为例编制的考核表，其他板件更换请参照上表。

课后练习题

1. 选择题

（1）下列有关铝合金车身的连接描述错误的是？（　　）

A. 铝合金车身修复需要焊接时，可用MIG焊。

B. 铝合金车身内板件多用粘结和铆接共用的连接方式。

C. 铝合金车身修复需要焊接时，可用电阻点焊。

D. 铝合金车身外板件可用紧固件连接。

（2）以下有关铝合金车身内板件切割更换描述正确的是？（　　）

A. 铝合金车身内板件分割后主要采用插入件平接和搭接两种方式。

B. 铝合金内板件更换后，应等粘结剂固化后，再拆除夹紧工具。

C. 乙炔－氧气切割在铝合金板件分离时禁止使用。

D. 铝合金内板件的铆钉拆卸主要采用钻除的方式。

2. 思考题

（1）为什么铝合金车身内板件多选择粘结和铆接的方式？

（2）简述车身铝合金板件的粘结与铆接的更换步骤？

任务十

汽车金属板的切割

学习目标

1. 熟悉气动、电动切割工具的组成、结构、工作原理。
2. 熟悉等离子弧切割机的设备组成、结构、工作原理。
3. 熟悉常用切割设备和工具的优缺点。
4. 能完成等离子弧切割机和气动、电动切割工具的日常维护工作。
5. 能根据车身修理要求选择合适的切割方法。
6. 能做好车身金属板切割时的安全防护工作。
7. 能完成汽车金属板的切割工作。

任务引入

车身维修作业时，焊接的金属板件严重损坏时，经常需要切割更换。所以在车身维修作业中，会常用到汽车金属板的切割作业。

一、常用切割技术介绍

（一）概述

金属板件切割的常用方法可以分为热切割和冷切割。热切割主要有：等离子弧切割、氧乙炔气割。冷切割：气动锯、电动锯、气动剪、电动剪、砂轮机切割、手动剪等。现代汽车大量使用高强度钢板，热切割会降低钢板的强度，所以目前主要是冷切割或低热量切割。

常用的切割工具名称与组要使用部位见表 10 - 1 所示。

表 10 - 1

工具名称	使用部位
气动剪	厚度约 1.2mm 的薄钢板；无复杂车身线的钢板
气动锯（电动锯）	所有的车身钢板；薄钢板的粗切割；对头焊接部位的切割
滚轮式砂轮机	能有效切割复合部位的钢板
氧乙炔切割枪	前车身梁的粗切割；厚钢板的粗切割
等离子弧切割机	前车身梁的粗切割；厚钢板的粗切割

（二）气动切割工具简介

1. 气动剪

车身维修切割作业中，常用的气动剪如图 10 - 1 所示。某品牌气动剪具体参数如下：

切割能力：1.2mm 钢材、1.6mm 铜和铝

重量：1.2kg

空载转速：2600r/min

进气接头：1/4"

工作压力：90psi

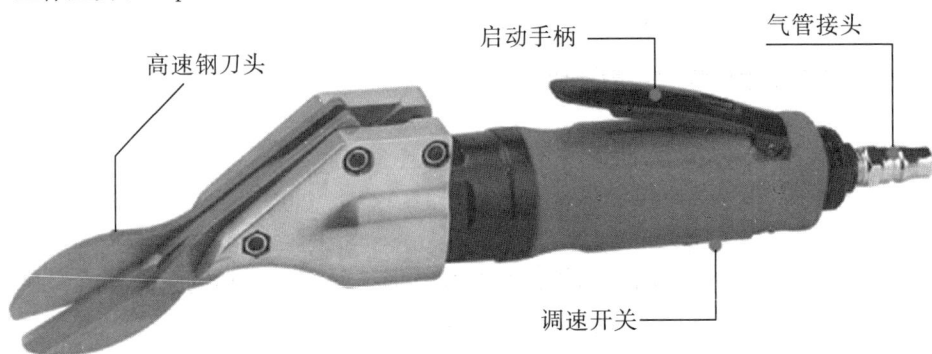

图 10 - 1　气动剪

2. 气动锯

车身维修切割作业中，常用的气动锯如图 10 - 2 所示。某品牌气动锯具体参数如下：

冲程次数：9000bpm

行程：9.5mm

切割能力：1.5mm 钢材、3.0mm 铝材、2.5mm 有机玻璃

耗气量：4.2cfm

进气接头：1/4"

重量：0.6kg

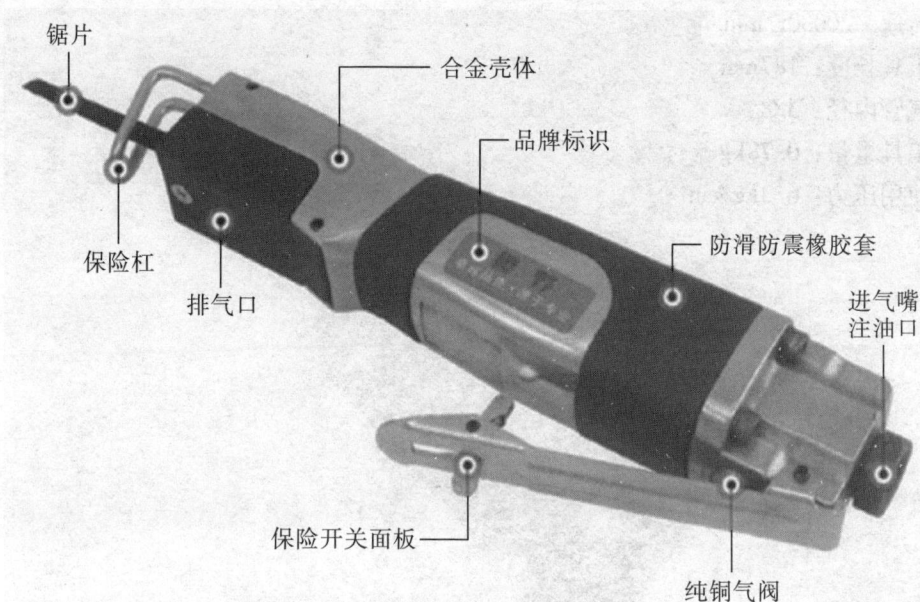

图 10 - 2　气动锯

锯片更换方法：拆开塑料盖，松开里面的内六角螺丝，即可更换锯片，如图 10 - 3 所示。

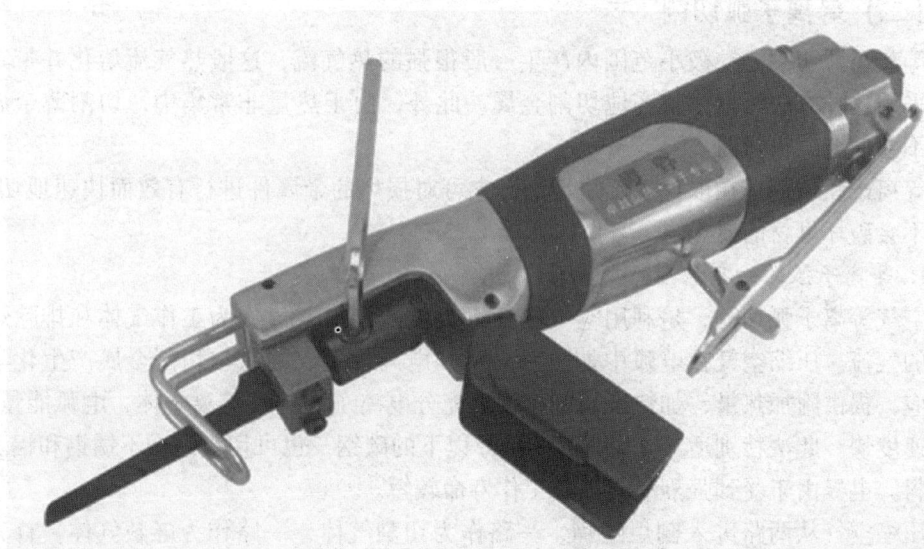

图 10 - 3　锯片的更换方法

3. 滚轮式砂轮机

车身维修切割作业中，常用的滚轮式砂轮机如图 10 - 4 所示。某品牌滚轮式砂轮机具体参数如下：

砂轮尺寸：75 * 1.6 * 9.5mm

转速：20000r/min

工具长度：187mm

气管内径：3/8"

工具重量：0.78kg

使用压力：6.3kg/cm^2

图 10 - 4 滚轮式砂轮机

（二）等离子弧切割

等离子弧切割是在极小范围内产生一股很强的热气流，这股热气流熔化并带走金属。采用这种方法可以很整齐地切割金属。此外，由于热量非常集中，切割薄金属板时，不会使金属板弯曲。

等离子弧切割正在取代氧乙炔切割。它可对损坏的金属件进行有效而快速地切割，并且不会破坏母材的属性。

1. 等离子弧的切割原理

空气等离子弧切割，是利用空气压缩机提供的压缩空气作为工作气体和排除熔化金属的气流。压缩空气在电弧中加热后分解和电离，生成的氧与切割金属产生化学放热反应，提供附加热量，加快了切割速度。充分电离了的空气等离子体，电弧能量大，切割速度快。此法特别适于切割厚度30mm以下的碳钢，也可切割铜、不锈钢和铝及其他材料。电极由于受到强烈氧化，其工作寿命较短。

压缩空气从两路进入割炬喷嘴，一路作为切割气体，一路作为屏蔽气体。首先接通电极和喷嘴之间的电源，在两者之间引燃诱导弧（如图10-5a），当压缩空气到达这里时被电离，形成等离子体（可导电）；然后迅速接通电极和工件之间的回路，使该电弧（由等离子体携带）转移到工件上燃烧，随即切断电极和喷嘴之间的电路（如图10-5b），最后达到稳定的切割状态（图10-5c）。此时喷嘴不带电，作为屏蔽气体的压缩空气从屏蔽罩内进喷出后对切割区域进行冷却，也对割炬进行冷却。

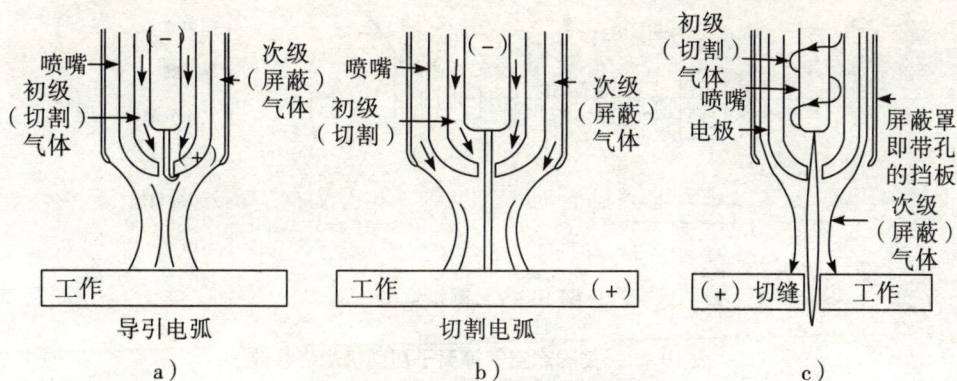

图 10 - 5　空气等离子弧切割过程

a）引燃诱导弧　b）生成转移弧　c）稳定切割

2. 离子弧切割机

手工切割的等离子弧切割设备由电源、割炬、控制系统、气路系统等组成。某国产空气等离子切割机（LGK 型）的外观如图 10 - 6，其规格参数见表 10 - 2。LGK - 40 型切割机的割炬结构如图 10 - 7。

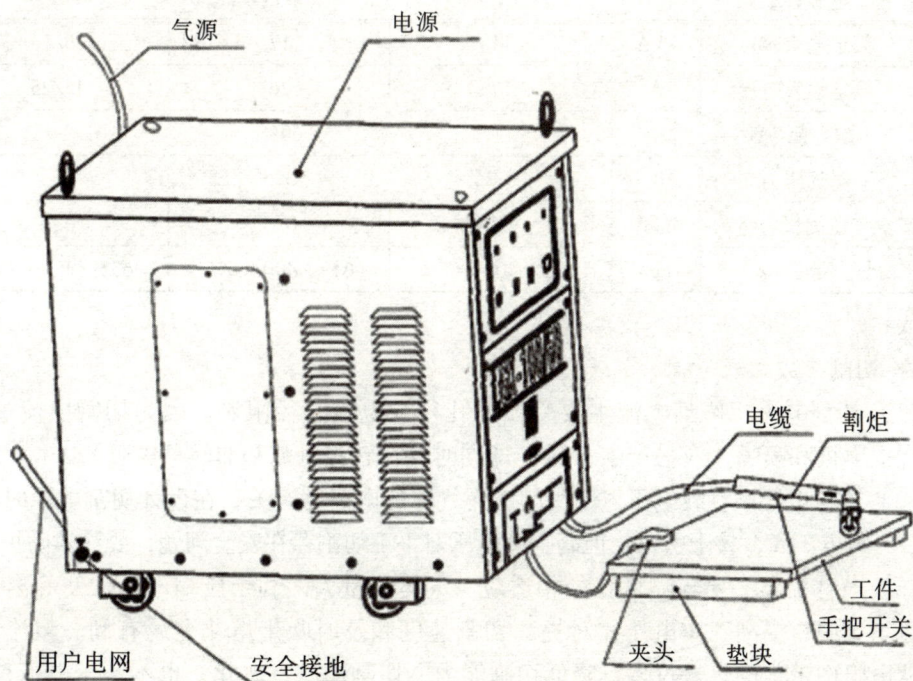

图 10 - 6　空气等离子切割机

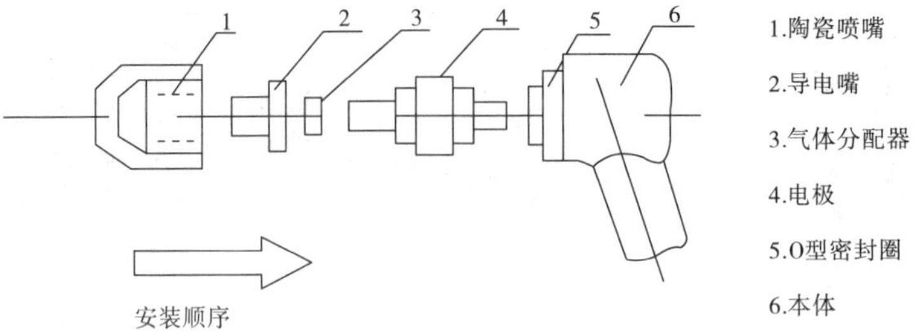

1.陶瓷喷嘴
2.导电嘴
3.气体分配器
4.电极
5.O型密封圈
6.本体

安装顺序

图 10 - 7　割炬结构

表 10 - 2　某国产空气等离子切割机规格参数

参数内容		单位	LGK - 40	LGK - 63	LGK - 100/60
输出	空载电压	V	250	260	280/230
	额定切割电流	A	40	63	100/60
	工作电压	V	100	110	120/110
	最大切割厚度	mm	15	25	35/25
输入	电源参数		3 相　　380V　　50Hz		
	额定输入容量	kVA	11	17	26/16
	额定输入电流	A	17	26	45/25
	负载持续率	%	60%		
	空气压力	MPa	0.5		
需配空气压缩机容量		mm³	0.2	0.3	0.3
外形尺寸		mm	615 × 400 × 655	615 × 400 × 655	655 × 480 × 735

3. 切割参数

（1）切割电流。切割电流主要受喷嘴孔径和电极直径限制。因为切割电流过大，极易烧损电极和喷嘴，容易产生双弧（即同时存在转移电弧和非转移电弧）。

（2）空载电压。空载电压与使用的工作气体的电离度有关，在设计切割电源时就已确定。空载电压高，易于引弧。但高空载电压对手工切割存在安全问题，要注意防护。

（3）气体流量。要与喷嘴孔径相适应。气体流量大，利于压缩电弧，使等离子弧能量更为集中，提高工作电压，对提高切割速度和及时吹走熔化金属有利。但流量过大，从电弧中带走的热量过多，降低切割能力，切割面质量恶化，也不利于电弧稳定。对上述 LGK 型切割机，要求空压机流量为 30L/min。

（4）切割速度。主要受切割质量制约。一般高的切割速度，切口下缘和切割面上会挂渣、后拖量大甚至割不透；速度过慢，不仅切割效率降低，切割质量也会变差，造成切口变宽，切割面倾斜度加大，切口下缘挂渣等。通常是根据割件的材质和厚度选用工作电流合适的割炬，在切割时以切口下缘无挂渣或少量挂渣时的速度为宜。

（5）喷嘴距工件的高度。在电极内缩量一定时（常为 2~4mm），喷嘴距工件的高度一般在 6~8mm，空气等离子弧切割的喷嘴距工件高度可略小。

二、设备、工具和材料准备

• 气动或电动锯、气动剪、砂轮机、等离子弧切割机、氧乙炔气割设备及氧气和乙炔气体。
• 工作帽、焊接防护面罩、焊接眼睛、面罩、耳塞或护耳器、焊接口罩、防尘口罩、工作服、皮围裙、焊接皮手套、皮手套、皮护腿、安全鞋。
• 大力钳、克丝钳、台虎钳及工作台、螺丝刀等。
• 切割金属板若干，规格 1～3mm。
• 清洁布、除油剂。

三、技术标准及要求

车身板件的粗切割，只要将板件安全切割下来即可。用于焊接的切口，必须保证切口均匀一致。

四、汽车金属板切割操作步骤

（一）气动剪操作步骤

• 穿戴好工作帽、耳塞或护耳器、面罩、防尘口罩、工作服、皮手套、安全鞋等安全防护用品，如图 10 - 8 所示。

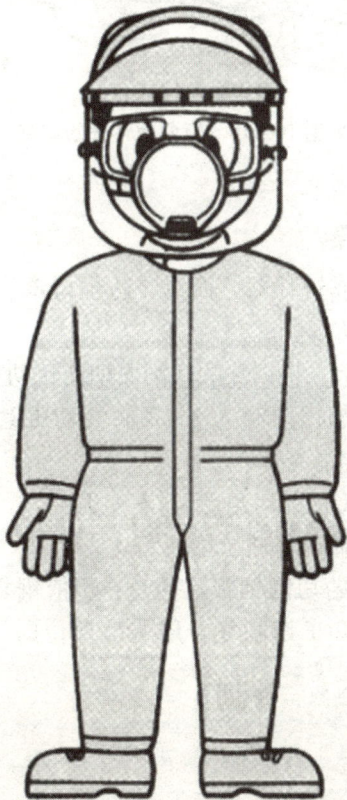

图 10 - 8 利用气动剪和气动锯切割金属板时的防护

135

● 在开始工作前先向气动剪内滴入 1~2 滴气动工具润滑油，并空转气动剪约 5 秒钟。

● 使用切割刃先做个导孔，将剪刀以 60°~90° 靠向板件如图 10-9 所示。

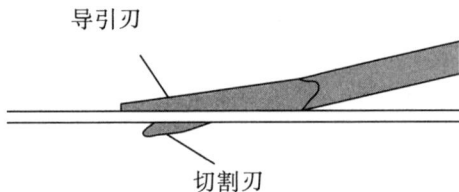

图 10-9　使用切割刃先做个导孔

● 轻轻地下压剪刀，抵向板件后开始切割，如图 10-10 所示。

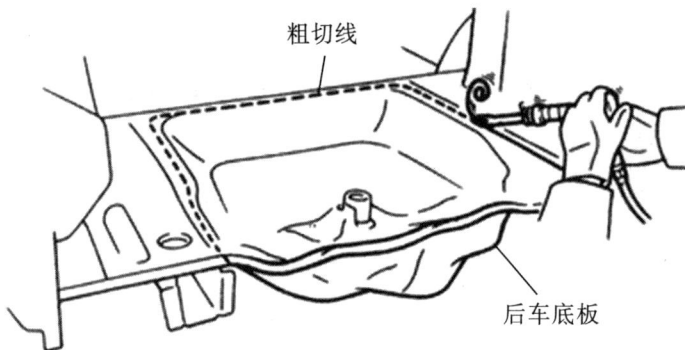

图 10-10　靠向板件开始切割

（二）气动锯操作步骤

● 穿戴好工作帽、耳塞或护耳器、面罩、防尘口罩、工作服、皮手套、安全鞋等安全防护用品，如图 10-8 所示。

● 把锯片安装在气动锯上，将锯片的切割面朝向拉动方向。

● 在开始工作前先向气动锯内滴入 1~2 滴气动工具润滑油，并空转气动锯约 5 秒钟。

● 将锯片的切割面抵住钢板的弯角部位作一切割缝，如图 10-11 所示。开始切割时轻轻地下压气动锯，再逐渐地施加力道。

● 改变锯片的角度并开始切割钢板。注意：①依钢板的厚度来调整锯片的角度，薄钢片倾斜，厚钢板垂直；②于切割复合层构造部位时，须留意锯片的角度和行程，以防止下板件受到损伤。

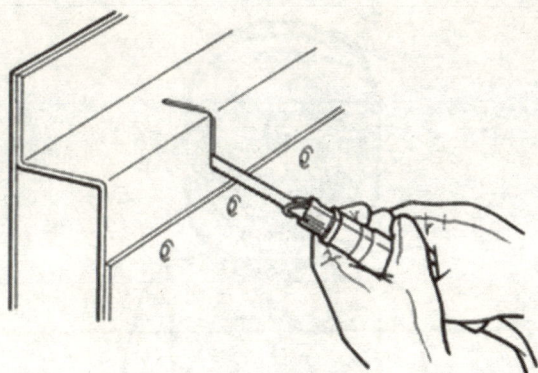

图 10 - 11　气动锯切割

（三）滚轮式砂轮机操作步骤

• 穿戴好工作帽、耳塞或护耳器、面罩、防尘口罩、工作服、皮手套、安全鞋等安全防护用品，如图 10 - 8 所示。

• 将切割研磨片安装于滚轮式研磨机上。

• 在开始工作前滴入 1~2 滴气动工具润滑油，并空转砂轮机约 5 秒钟。

• 用双手紧握工具抵住板件。开始切割时下压研磨机逐渐地施加力道，当火花的喷溅量最大时，切割力道是最适当的，如图 10 - 12 所示。

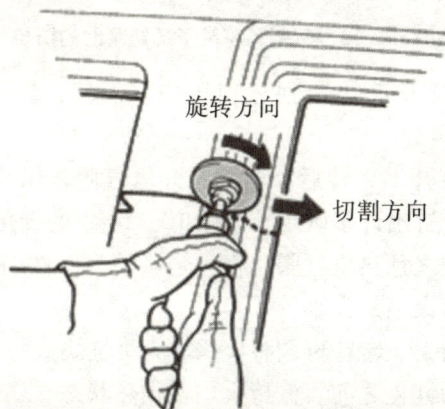

图 10 - 12　滚轮式砂轮机切割

（四）氧乙炔切割枪操作步骤

• 穿戴好工作帽、焊接眼睛、面罩、焊接口罩、工作服、皮围裙、皮手套、皮护腿、安全鞋等安全防护用品，如图 10 - 13 所示。

图 10-13 气割和等离子弧切割时的防护

调整调压器，使氧气及乙炔达到适当压力。氧气：$1 \sim 5 kg/cm^2$，乙炔：$0.1 \sim 0.5 kg/cm^2$。

- 将焊枪的乙炔阀打开 1/2 转后，稍微打开氧气阀，用特殊点火器点燃火焰。点燃后的火焰为黄橙色并会冒出许多碳烟，如图 10-14 中的碳化焰。
- 逐渐地打开焊枪上之预热氧气阀，将火焰调整为中性焰，如图 10-14 中的中性焰。依照钢板的厚度调整火焰的大小。
- 切割用氧气阀开启 1/2 转，再调整火焰成为中性焰。
- 直到钢板颜色转为红色之前，保持火焰在预热状态。
- 开启切割中的氧气阀半转，然后切割板件，如图 10-15 所示。

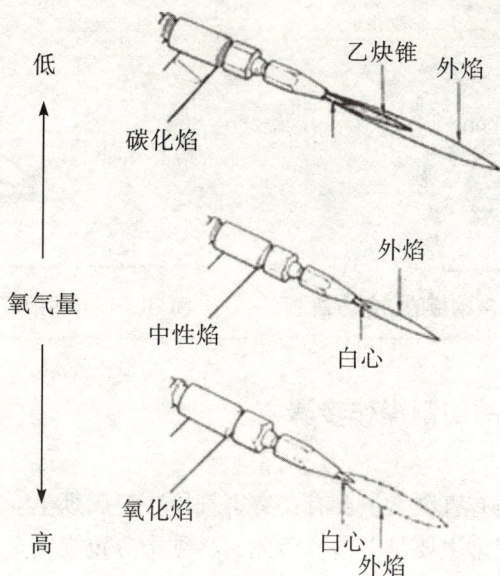

图 10－14　氧乙炔的火焰

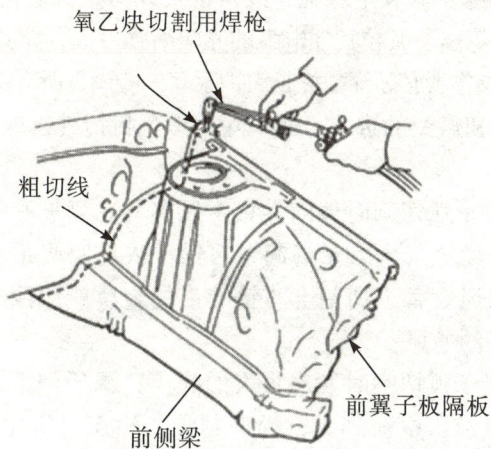

图 10－15　用氧乙炔切割车身板件

具体切割时，厚钢板的方法如图 10－16。首先使焊枪与钢板成 90°角度，然后缓慢地移动焊枪。此种办法适用于复合层结构钢板。

薄钢板的方法方法如图 10－17，首先倾斜焊枪切割钢板，然后快速地移动焊枪。

注意：①将焊枪与钢板间的间隙保持在 10mm 以下；②作业中，若火焰熄灭时，须立即关闭切割用预热氧气阀，再关闭乙炔阀。

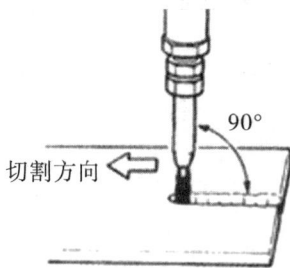

图 10-16　厚钢板的切割方法　　　图 10-17　薄钢板的切割方法

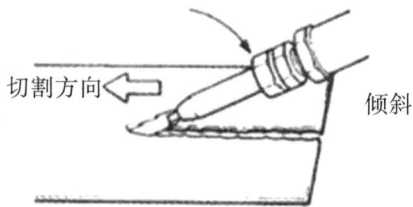

（五）等离子弧的切割操作步骤

1. 安全防护

等离子弧切割时的有害因素主要有：有害气体、金属烟尘、弧光（紫外线）辐射、高频电磁场等，危险因素主要是电击。因此，必须十分重视安全与防护工作。

（1）防电击。等离子弧切割用的电源空载电压较高（直流250V以上），尤其在手工操作时，有电击危险。因此，电源在使用时，必须可靠接地，切割工作台和工件也要可靠接地，穿戴上绝缘手套和绝缘鞋，经常检查线路是否老化，严禁带电维修设备。

（2）防弧光辐射。等离子弧较其他电弧的光辐射强度大，尤其是紫外线，它对皮肤损伤严重。手工切割时，操作者必须穿戴好长筒护手套，能遮盖所有裸露部位的阻燃服装、无翻边的裤子用以防火花和熔渣的进入。面罩除用黑色目镜外，最好再加入吸收紫外线的镜片。

（3）防烟尘。等离子弧切割时伴随大量金属蒸气、臭氧和氮化物等，加上切割时气体流量大，导致工作场地灰尘大量扬起，对操作人员呼吸道和肺有严重影响。故工作场地必须配备良好通风设备，切割含有锌、铅的金属或涂漆的金属时，一定要戴好呼吸设备，并保证良好的通风。

（4）防噪声。等离子弧切割时发出很大的噪声，源于割炬的前端和切口区。噪声大小主要取决于切割电流，电流越大，噪声越强。噪声对听觉系统和神经系统有害，要求操作者戴耳塞。

（5）防火。切割现场应有灭火器，周围10m以内不得有可燃物，不切割可能引起爆炸或燃烧的金属材料或容器。其他安全事项可参见制造商的说明书。

切割时需穿戴好工作帽、焊接眼睛、面罩、焊接口罩、工作服、皮围裙、皮手套、皮护腿、安全鞋等安全防护用品，如图10-13所示。

2. 设备检查

注意事项：首先切断主机电源。

旋下喷嘴，检查喷嘴和电极的损耗情况。喷嘴孔径变形过大（如图10-8）或电极烧损变短（如图10-19）都必须重新更换，电极的准确的数据请参考设备说明书。更换时应保证型号的统一性，按照设备说明书的要求将新配件装好。

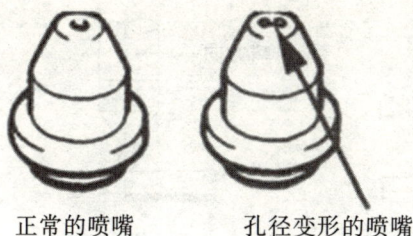

正常的喷嘴　　孔径变形的喷嘴
图 10－18　喷嘴孔径变大

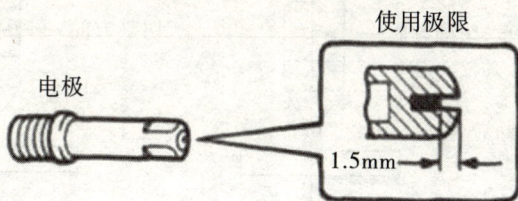

图 10－19　电极烧损变短

喷嘴表面如果附着了飞溅物，将会影响喷嘴的冷却效果，应及时并且经常清除割炬头部的灰尘及飞溅物，保持良好散热效果。

检查切割机的电源接入是否正常，检查切割机的接地线是否接好，检查搭铁是否可靠夹紧工件。检查压缩空气是否接入，气压是否在规定范围（0.3～0.5MPa）。

3. 场地和车身附件清理

清理切割场地周围的可燃物，清理车身板件背面的车身附件，防止切割可能引起的火灾。切割场地应配备灭火器。

4. 检气

打开压缩空气阀门，然后把切割机的电源开关拨至"开"位置，随即电源指示灯亮，再把检气开关拨至"检气"位置，这时有压缩空气从割炬喷出。此刻将切割机后面板的减压阀压力调至所需压力，再把检气开关拨至中间"停止"位置。

注意事项：使用的压缩空气必须干燥清洁。因水气、油污易导电，电极上产生螺旋形黑条纹，说明水气、油污过多，使电极、喷嘴内腔拉弧短路，极易损坏割炬，不能正常工作。

5. 确定切割起点

对厚度≤5mm 的板件，可从任何位置开始切割。对厚度＞5mm 的板件，应从板件的边缘开始切割。如果一定要从板件的中间切割，可在切割的起始点用手电钻钻个小通孔（$\varphi 3 \sim \varphi 5$），以小孔为起点进行切割。如强行从盲孔或无孔的位置开始切割将造成"翻浆"烧毁割炬。

6. 试弧

在准备切割时，手持割炬接近工件约 1mm 距离，按动割炬开关，这时有等离子弧从喷嘴孔内喷出，说明电极喷嘴等件安装正确。如果没有等离子弧从喷嘴孔内喷出，或只有微弱的等离子弧从喷嘴孔内喷出，说明电极、喷嘴安装不正确，关机后重新安装。

7. 开始切割

调整适合金属板板厚的电流值，电极与板件靠近后（约 1mm 距离）再启动开关；产生电弧后再开始切割钢板，极头和钢板的间隙要保持在 5mm 左右；匀速移动割炬进行正常切割，移动速度根据板材厚度不同而改变，可根据切割火焰判断切割速度是否合适（如图 10－20）。应注意避免不必要的反复闭合割炬开关，这样做有可能引起电源故障或降低电极使用寿命。

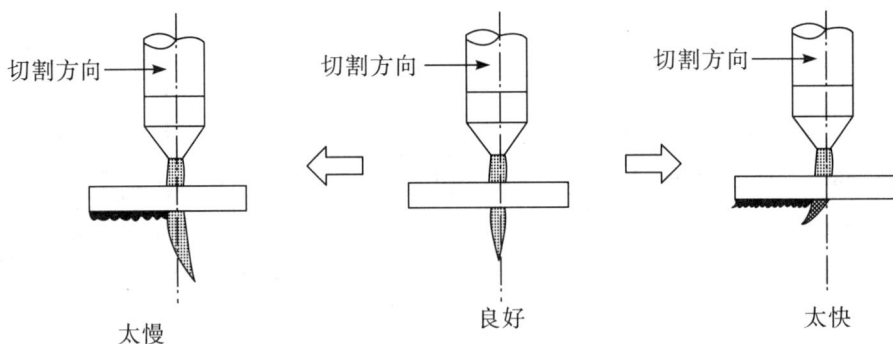

切割方向 → （图示）
太慢

切割方向 → （图示）
良好

切割方向 → （图示）
太快

图 10-20　等离子弧切割速度与火焰

具体切割钢板时，厚钢板需缓慢地移动割炬，此种方法也适用于复合层结构钢板；薄钢板需快速移动割炬。

切割时注意事项：

（1）切割过程中若切速明显变慢，电弧中出现绿色光焰，起弧困难，切口偏斜或切口变宽等情况时，应及时更换电极、喷嘴。否则就会在喷嘴内产生强烈的电弧，击穿电极、喷嘴，甚至烧毁割炬。

（2）在正常使用过程中，突然听见"卟"的响声，弧光发红，弧渣上窜，应立即停止使用。此时电极、喷嘴已损坏，如断续使用会损坏割炬，必须更换电极、喷嘴后方可使用。

（3）更换时电极必须完全冷却（用压缩空气吹），否则电极基座受热膨胀发粘较紧，旋松时不能用力过猛，否则易损坏电极基座。电极、喷嘴更换使用前均需查看内腔是否干净，必须清除杂质后使用。

（4）切割时，电缆线尽量保持平直，如空间不允许，也不要形成死弯；同时不要用脚踩或挤压电缆线以免造成气流受阻，气流过小，烧毁割炬。切割电缆线应避免与利器接触，以免造成破损，而影响正常的使用。

（5）割炬中的电极、喷嘴在使用过程中不能松动，电极须用专用扳手旋紧，每次使用前必须查看，见有松动随时用专用扳手旋紧，但不能使用活动扳手之类工具。

8. 完成切割

当工件将要切断时，切割速度应放慢，以防止工件变形，从而引起工件与喷嘴相碰造成短路。松开割炬开关即完成切割。

注意事项：禁止用割炬头作为敲击工具来敲击切口上的残渣。

9. 割炬保养

每次使用后清理一次割炬，按下列步骤进行：

（1）切断主机电源。

（2）卸下喷嘴罩、喷嘴、电极。

（3）重新打开电源开关，打开试气开关，这时有气体从割炬的喷气管孔内喷出，保持约15秒，以达到清理气管内脏物的目的。在清理过程中，不能按动割炬开关，以免损坏割炬。

（4）检查喷嘴和电极的损耗情况，需要重新更换的按要求更换。

五、任务技能考核表

序号	考核内容	配分	评分标准	考核记录	扣分	得分
1	气动剪切割操作	5	开始工作前先滴入 1～2 滴气动工具润滑油，并空转约 5 秒钟			
		15	手法不正确，每次 5 分，作品割缝不整齐扣 5 分			
2	气动锯切割操作	5	开始工作前先滴入 1～2 滴气功工具润滑油，并空转约 5 秒钟			
		15	手法不正确，每次扣 5 分，作品割缝不整齐扣 5 分			
3	滚轮式砂轮机切割操作	5	开始工作前先滴入 1～2 滴气功工具润滑油，并空转约 5 秒钟			
		15	手法不正确，每次扣 5 分，作品割缝不整齐扣 5 分			
4	等离子弧的切割操作	5	正确调节等离子切割的工艺参数			
		15	手法不正确，每次扣 5 分，作品割逢不整齐扣 5 分			
5	安全防护	10	工作服、工作鞋、工作帽、护目镜、耳塞、面罩、皮手套、焊接套装、焊接防护面罩、焊接口罩			
6	5S 及其他	10	全程 5S 保持、作业结束清洁工具、错误的工作使用方法、操作失误			
教师签字				年 月 日		

◤ 课后练习题

1. 选择题

（1）等离子弧切割时弧光辐射是下列哪种射线？（   ）

A. 紫外线　　　　B. 红外线　　　　C. 辐射线　　　　D. 伽玛射线

（2）使用气动锯切割时最好戴下列哪种手套？（   ）

A. 无需手套　　　B. 棉手套　　　　C. 皮手套　　　　D. 橡胶手套

（3）以下对等离子切割机的描述中，不正确的是？（   ）

A. 与氧乙炔相比，等离子切割产生的热效应较小。

B. 熔化的部分被压缩空气驱散，切割。

C. 如果空气压力过低时，切割的表面将会产生波纹状。

D. 如果切割速度过快时，切割的表面将会产生锯齿状。

（4）当用氧乙炔焊枪被用来进行切割作业时，应该用切割炬来代替？（　　　）

A. 调压阀　　　　B. 焊炬　　　　C. 气阀组件　　　　D. 软管联结器

（5）氧乙炔切割时应用？（　　　）

A. 碳化焰　　　　B. 标准焰　　　　C. 中性焰　　　　D. 氧化焰

2．思考题

（1）何为等离子弧？空气等离子弧切割钢板的基本原理是什么？

（2）等离子切割设备的组成及各部分的作用？

（3）气动切割工具使用前为什么要加 1~2 滴气动工具油？

（4）等离子切割时参数怎么选？

（5）请比较气动锯切割、砂轮片切割、等离子弧切割、氧乙炔切割几种切割方式的不同及在车身切割中的用途？

任务十一

后翼子板的焊接

学习目标

1. 熟悉焊接热效应和焊接的顺序。
2. 能够完成后翼子板的切割与焊接。

任务引入：

后翼子板属于碰撞事故中的易损件，后翼子板的切割更换是车身维修中的典型作业和常见作业。后翼子板的焊接，需要用到多种焊接方法，还需注意焊接时热效应和变形的控制。所以车身维修人员需要学习后翼子板的切割与焊接作业。

一、焊接热效应与变形

焊接时因局部加热热源集中，因此造成焊件上温度分布不均匀，导致焊件在结构内部产生焊接应力与变形。焊接应力是形成各种焊接裂纹的重要因素，焊接残余应力和变形在一定条件下会严重影响焊件的强度、刚度、受压时的稳定性等。焊接时焊接时应考虑焊接方法及顺序，尽量减少加热引起的板件变形。

（一）变形原理

焊接时产生的热或焊缝收缩导致板件收缩、变形，如图 11－1 所示。焊点焊接时产生的热导致板件暂时膨胀。如图 11－2 所示，焊接部位冷却后即开始收缩，而产生的拉伸应力会施加到周围钢板上，导致其变形。由于焊珠收缩更强烈，所示对接焊部位产生大的拉伸应力，焊珠的热胀冷缩如图 11－3、11－4 所示。

145

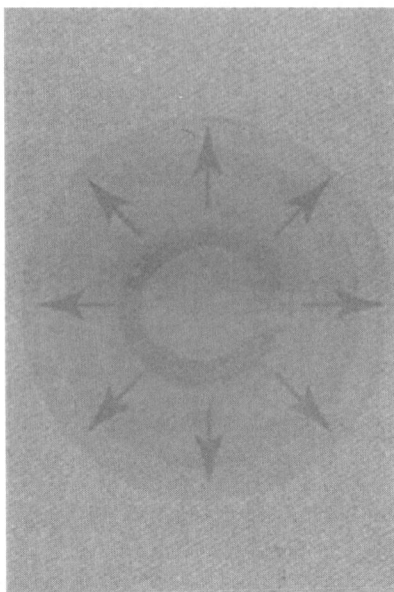

图 11 - 1　焊接加热导致板件膨胀

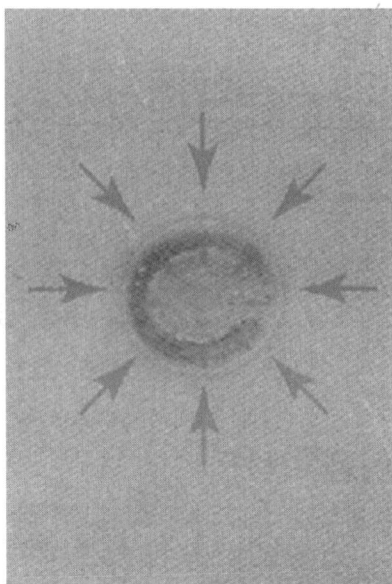

图 11 - 2　焊接部位冷却后即开始收缩

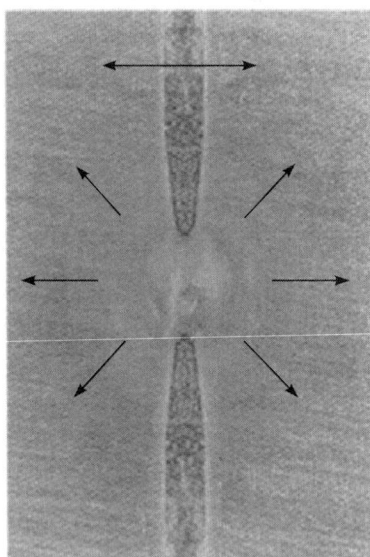

图 11 - 3　焊珠的热胀

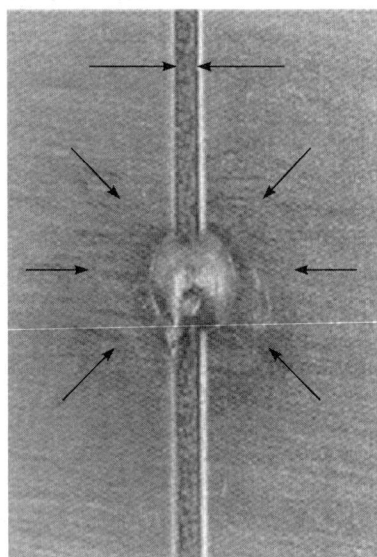

图 11 - 4　焊珠的冷缩

（二）点焊或填孔焊的热效应

在同一部位持续点焊或填孔焊将使热量在钢板内部积聚，从而引起明显的变形，如图 11 - 5 所示。所以在实施点焊和填孔焊时，应避免在同一部位持续焊接，而是将焊接部位冷却至常温，避免热量在钢板内聚集，如图 11 - 6 所示。

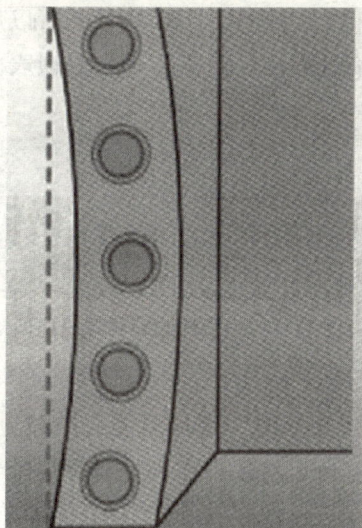

图 11-5　持续点焊未冷却的变形

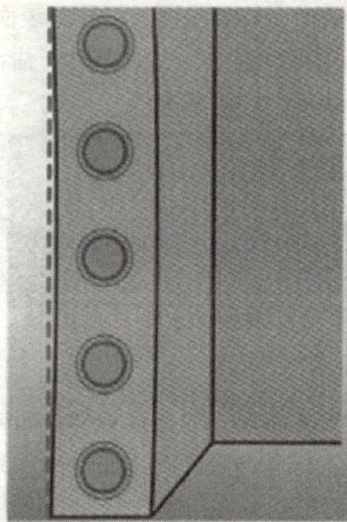

图 11-6　未在同一部位持续点焊的变形

由于填孔焊接比点焊受热范围大，产生的热量多，填孔焊接热变形也较大，如图 11-7、11-8 所示。

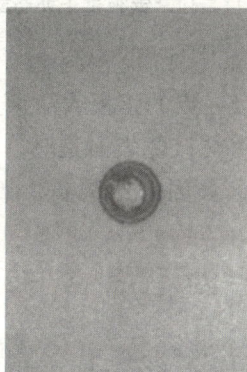

图 11-7　电阻点焊

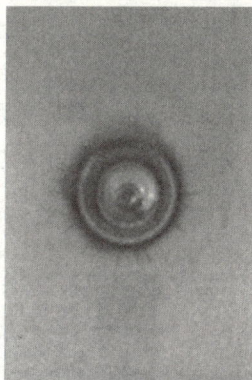

图 11-8　填孔焊

（三）对接焊的热效应

对接焊时持续焊接将导致热量在板件内聚集，引起明显的变形，如图 11-9 所示。所以对接焊时，焊一段，将焊接部位冷却至常温，再实施下一段的焊接，可以减少热量在板件内聚集，如图 11-10 所示。

图 11-9　持续焊接引起热量积聚

图 11-10　焊接一段冷却后再焊接

对接焊时，焊珠收缩，将导致表面凹陷，如图 11 - 11、11 - 12 所示。所以焊接凸面（从外部可以看到的表面）时，估计凹陷量，临时焊接以使其高于未受损表面，这样可改善表面的凹陷状况。

图 11 - 11　焊珠收缩

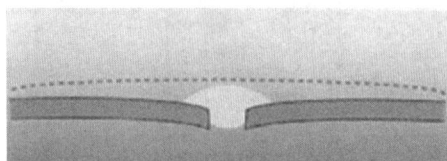

图 11 - 12　焊珠收缩导致表面凹陷

对接焊钢板时，如果接缝部位没有间隙，焊缝收缩时，钢板可能会被拉到一起，造成钢板过于外凸或内凹，如图 11 - 13、14 所示。所以对接焊需确保对接焊部位的间隙均匀。

图 11 - 13　焊缝收缩

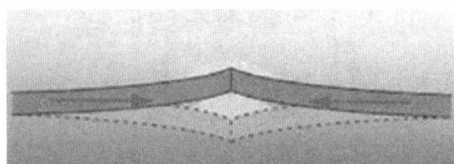

图 11 - 14　钢板过于外凸或内凹

对接焊钢板时，由于焊珠和钢板收缩的累积，焊接终点的钢板收缩量大于焊接起点的收缩量，如图 11 - 15 所示。所以，临时焊接或最终焊接侧表面是时，从上表面侧开始，向钢板的边缘焊接，按照此顺序操作可减少上表面的凹陷量，如图 11 - 16 所示。

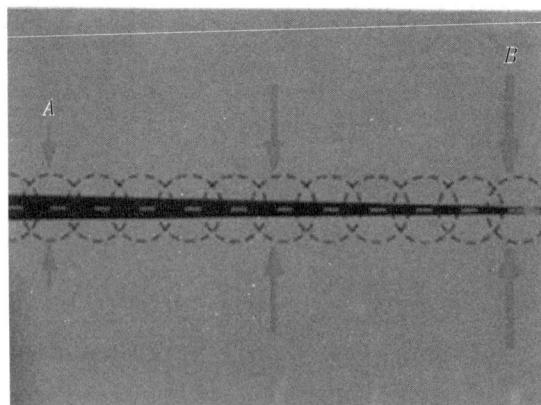

图 11 - 15　焊接终点的收缩量大于起点的收缩量
A—起点；B—结束

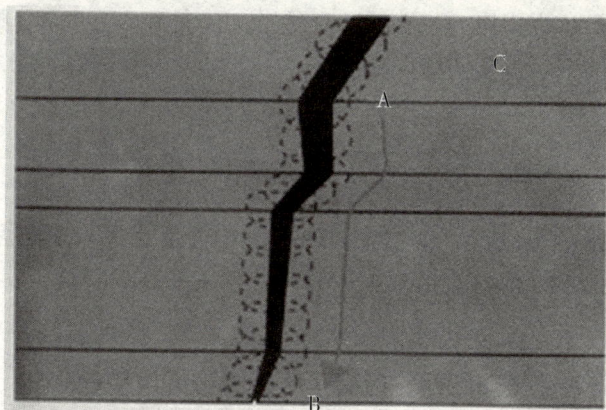

图 11-16 焊接本图中的对接接缝时应从上表面开始焊接，
A—起点；B—结束；C—上表面

车身线部位焊接时，外弯的车身线仅小面积受热，所以升温快，容易烧穿；内弯的车身线受热面积大，所以升温困难且焊料不易渗入钢板，如图 11-17 所示。因此需根据车身线的形状，将电流调整到合适的等级。

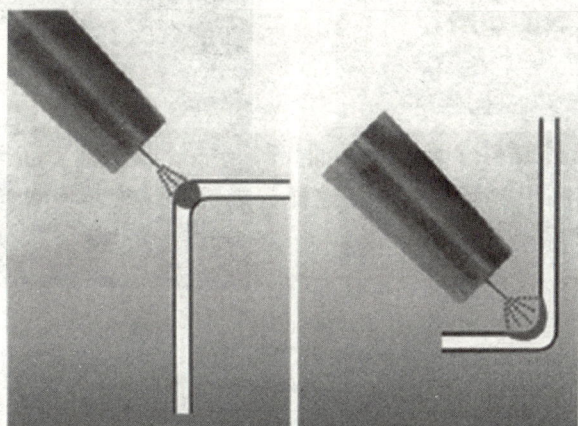

图 11-17 车身线处的焊接

二、设备、工具和材料准备

- 气体保护焊机、80% Ar + 20% CO_2 保护气体、0.6 或 0.8 的钢焊丝。
- 氧乙炔气焊设备及氧气和乙炔气体、S221 锡黄铜焊丝及焊剂。
- 电阻点焊机及配套设备。
- 工作帽、焊接防护面罩、焊接口罩、工作服、皮围裙、焊接皮手套、皮手套、棉手套、皮护腿、安全鞋等。
- 后翼子板及车身壳体、焊接钢板若干，规格 0.8~1mm 冷轧钢板。

- 皮带式研磨机、大力钳、打孔器、克丝钳、台虎钳及工作台、螺丝刀、气枪等。
- 清洁布、除油剂、焊接防锈底漆。

三、技术标准及要求

后翼子板的焊接涉及到汽车薄钢板的对接焊、电阻点焊、填孔焊、黄铜火焰钎焊相应的焊接要求，请参见前面的相关任务。

四、后翼子板的焊接操作步骤

后翼子板的焊接涉及到汽车薄钢板的对接焊、电阻点焊、填孔焊、黄铜火焰钎焊，为了保证焊接质量，减少热变形，焊接后翼子板要按照下述步骤进行焊接。

1. 定点焊接对接焊部位

对对接焊部位要进行定点焊接，已将焊件固定在合适位置。先焊接车身线如图 11 - 18 所示，然后再对表面进行定点焊接，推荐间距 10 ~ 12mm，如图 11 - 19 所示。

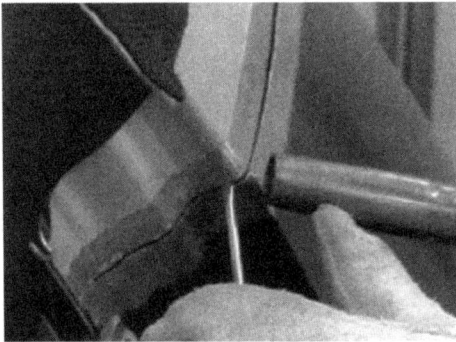

图 11 - 18　车身线处首先进行定点焊接　　图 11 - 19　定点焊接（A 为 10 ~ 12mm）

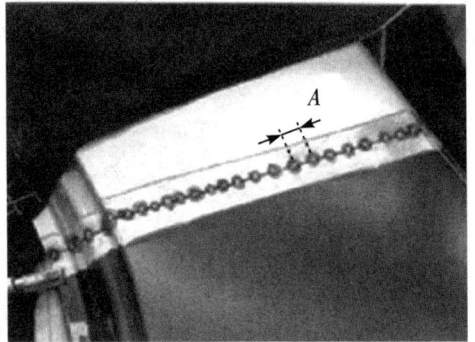

首先调平对接钢板的高度，上表面焊接时，先焊接表面的中心后，再焊接之前焊接的两点之间的中间点，按图 11 - 20 所示的顺序继续焊接。

侧面焊接时，从上表面侧向钢板边缘焊接。如图 11 - 21 所示，从车身线开始焊接，然后移至表面，由于焊料不容易进入内弯的车身线，应重新调整电流。

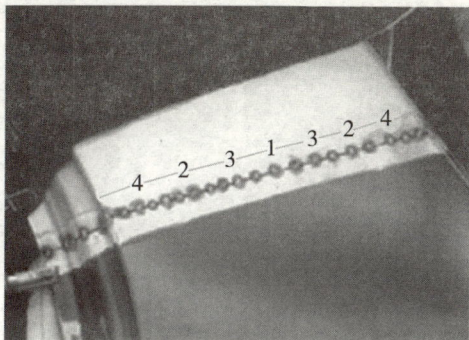

图 11 – 20　上表面焊接顺序

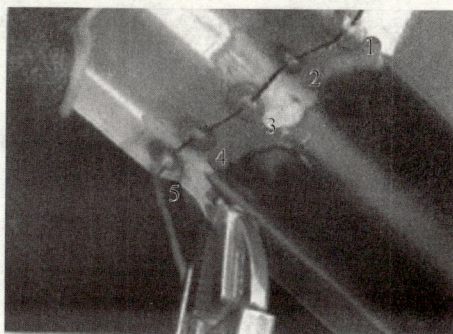

图 11 – 21　侧面焊接顺序

2. 点焊和填孔焊后翼板周围搭接部分

先进行点焊再进行填孔焊接，焊接时位置要分散。焊接顺序如图 11 – 22 所示。优先使用电阻点焊，不便使用电阻点焊的采用填孔焊连接。

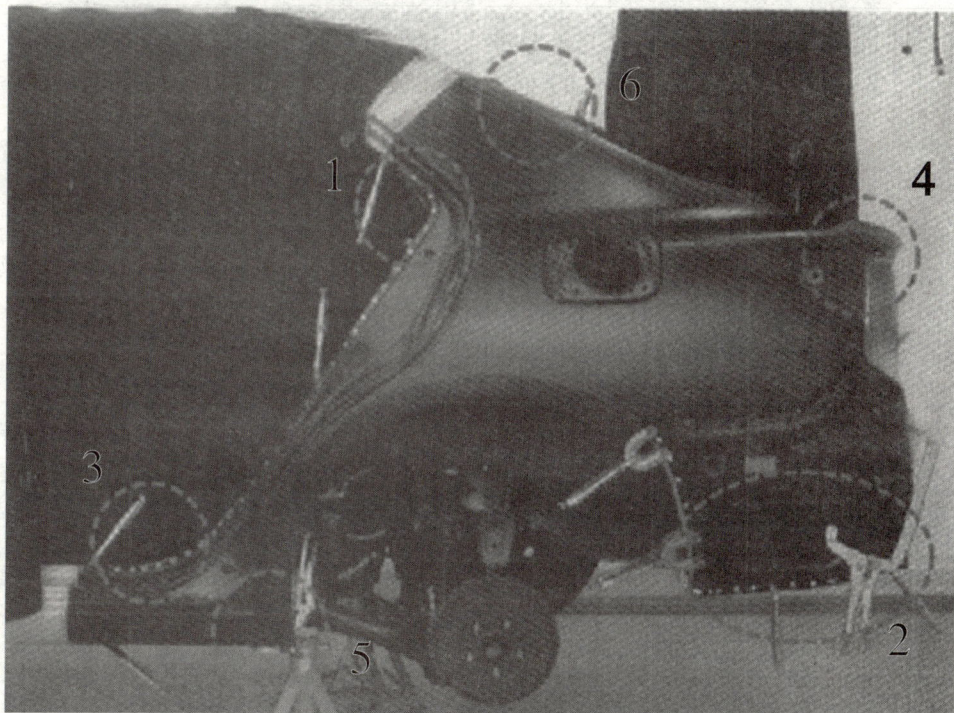

图 11 – 22　后翼子板四周的焊接顺序

3. 焊接对接焊部位

焊接完点焊和填孔焊后，进行对接接缝的焊接。具体要点如下：

（1）焊接完定点焊接之间的一个间隔后，将钢板冷却至室温，然后对定点焊接部位间的下一间隔进行定点焊接。

（2）焊接上表面时，从车身线开始，沿一个方向焊接。

（3）焊接侧面时，从上表面向钢板边缘焊接。

具体顺序如图 11 - 23 所示。

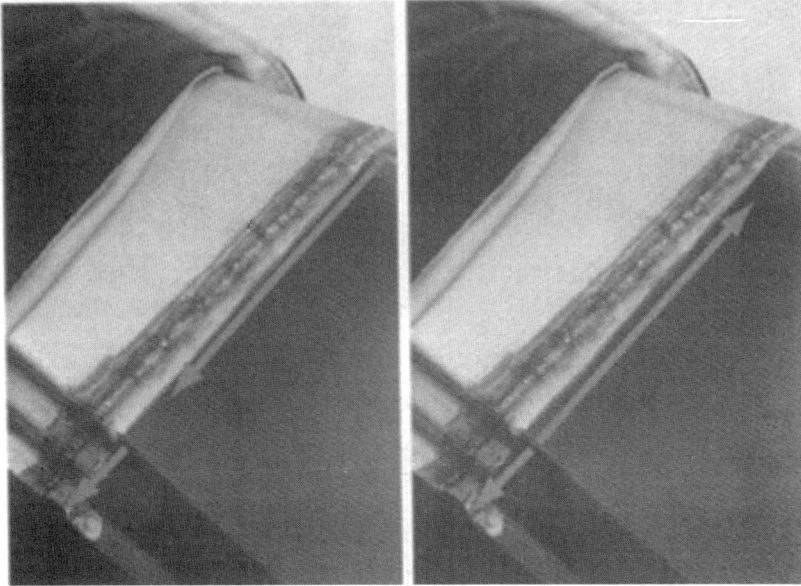

图 11 - 23　对接焊顺序

4. 钎焊

需钎焊的部位，进行钎焊作业，如图 11 - 24 所示。要进行目视检查，确保钎焊流入间隙。

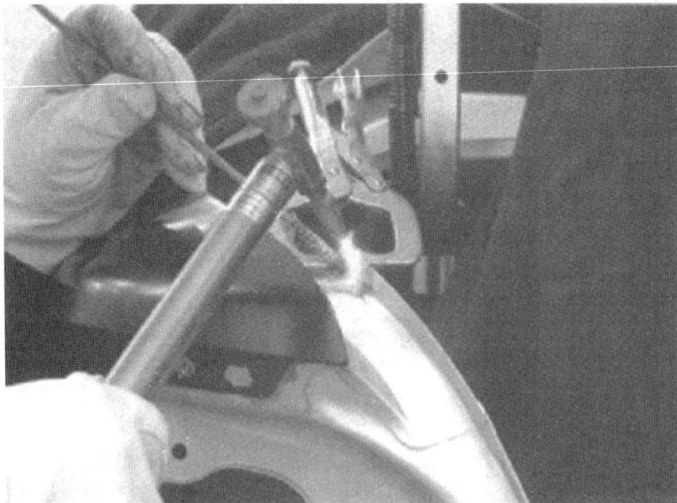

图 11 - 24　钎焊部位

5. 研磨并清洁焊接部位

用皮带式研磨机磨平对接焊缝，如图 11 - 25 所示。打磨点焊的烧灼痕迹和填孔焊

接区域的余渣。用钢丝刷、砂纸或类似物品清除钎焊部位的焊剂和氧化膜，研磨后的
要求如图 11 - 26 所示。

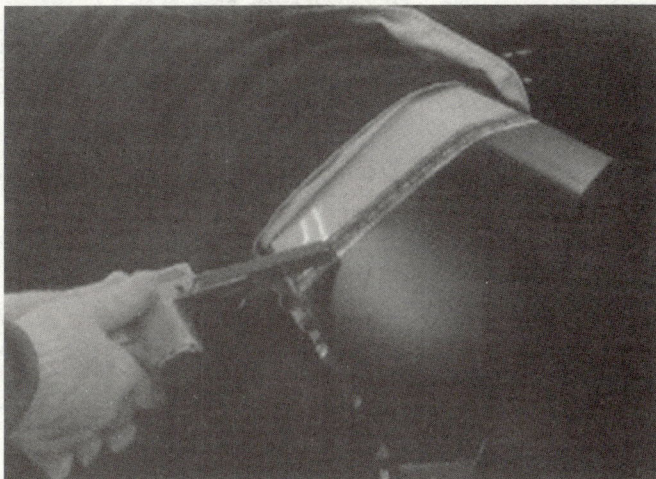

图 11 - 25　磨平对接焊缝

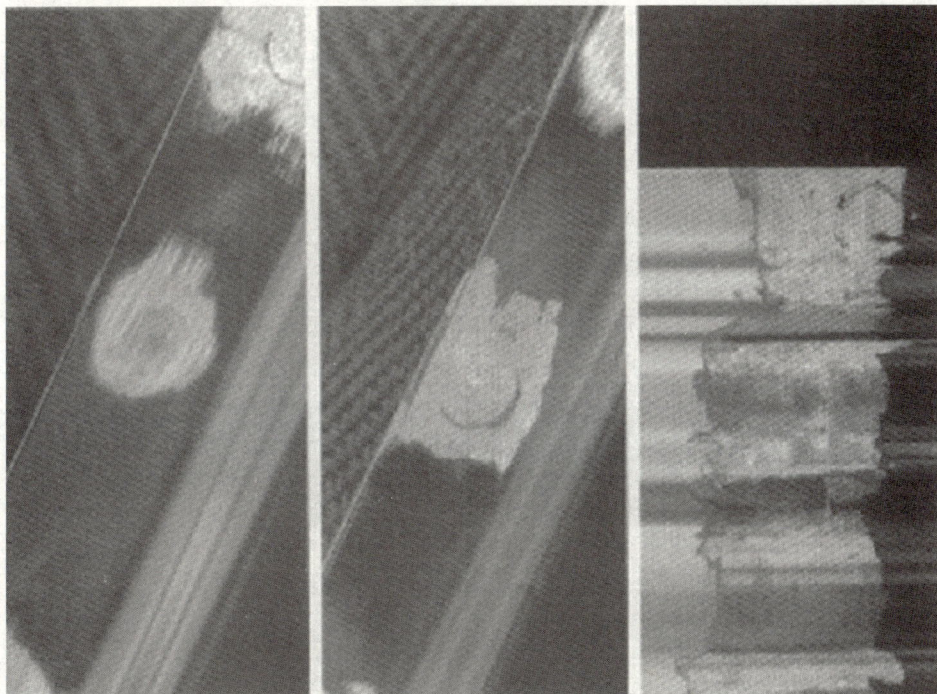

a 点焊　　　　　　　　b 真孔焊　　　　　　　c 对接焊

图 11 - 26　研磨后的要求

153

五、任务技能考核表

序号	考核内容	配分	评分标准	考核记录	扣分	得分
1	定点焊接对接焊部位	5	先焊接车身线			
		5	焊接顺序符合			
		5	要求定点焊接间距 10～12mm			
2	点焊和填孔焊	5	先进行点焊再进行填孔焊接			
		5	焊接位置分散			
		5	焊接顺序符合要求			
3	焊接对接焊部位	5	焊接完定点焊接之间的一个间隔后，将钢板冷却至室温，然后对定点焊接部位间的下一间隔进行定点焊接			
		5	焊接上表面时，从车身线开始，沿一个方向焊接			
		5	焊接侧面时，从上表面向钢板边缘焊接			
4	进行钎焊作业	5	进行目视检查，确保钎焊流入间隙			
5	研磨并清洁焊接部位	5	用皮带式研磨机磨平对接焊缝			
		5	打磨点焊的烧灼痕迹和填孔焊接区域的余渣			
		5	用钢丝刷、砂纸或类似物品清除钎焊部位的焊剂和氧化膜			
6	质量评估	25	对接焊缝、点焊、填孔焊都符合要求；接缝处无凸起和凹陷；焊缝磨平；焊点和填孔焊周围的烧灼和余渣打磨干净美观；			
7	安全防护	5	工作服/工作鞋/工作帽/护目镜/耳塞/面罩/皮手套/棉手套/焊接防护用品			
8	5S及其他	5	全程5S保持/作业结束清洁工具/错误的工具使用方法/操作失误			
	教师签字			年	月	日

▼ 课后练习题

1. 请分析点焊或填孔焊钢板时产生的热量对钢板变形的影响？点焊和填孔焊时采取哪些措施可以减少热变形？

2. 请分析对接焊钢板时产生的热量对钢板变形的影响？对接焊时采取哪些措施可以减少热变形？

3. 请简述后翼子板的焊接顺序？思考为什么采用这样的顺序？有更好的焊接顺序吗？

参考文献

［1］ 陈勇. 汽车车身修复技术［M］. 北京：国防工业出版社，2015.

［2］ James E·Duffy Robert Scharff. 吴有生编译. 汽车车身维修技术［M］. 北京：高等教育出版社，2006.

［3］ 陈勇. 车身结构与附属设备［M］. 北京：国防工业出版社，2014.

［4］ 李远军. 汽车车身焊接技术［M］. 北京：人民交通出版社，2009.

［5］ 丰田车身修理技术员培训教材.

［6］ 宝马车身修复培训教材.

［7］ 广州本田钣金修复培训教材.

［8］ 蒙迪欧车身维修手册.